D1050249

Les secrets des
desserts

révélés par Jérôme Ferrer

Plus de 200 recettes de desserts gourmands

LES ÉDITIONS
LA PRESSE

CATALOGAGE AVANT PUBLICATION DE
BIBLIOTHÈQUE ET ARCHIVES NATIONALES DU
QUÉBEC ET BIBLIOTHÈQUE ET ARCHIVES CANADA

Ferrer, Jérôme
Les secrets des desserts
« Plus de 200 recettes de gourmandises ».
Comprend un index.
ISBN 978-2-923681-05-4
1. Desserts. 2. Pâtisserie. I. Titre.

TX773.F47 2009   641.8'6   C2009-940134-76

Éditrice déléguée
Martine Pelletier

Auteur
Jérôme Ferrer

Conception graphique
Ose Design

Infographie
Francine Bélanger

LES ÉDITIONS
LA PRESSE

Président
André Provencher

Directeur éditorial
Martin Balthazar

7, rue Saint-Jacques
Montréal (Québec) H2Y 1K9
514 285-4428

© Les Éditions La Presse
TOUS DROITS RÉSERVÉS
Dépôt légal – Bibliothèque et Archives
nationales du Québec 2009
2e trimestre 2009
ISBN 978-2-923681-05-4
Imprimé et relié au Canada

*L'éditeur remercie le gouvernement du
Québec pour l'aide financière accordée à
l'édition de cet ouvrage par l'entremise du
Programme de crédit d'impôt pour l'édition
de livres, administré par la SODEC.*

*L'éditeur bénéficie du soutien de la Société
de développement des entreprises cultu-
relles (SODEC) pour son programme
d'édition et pour ses activités de promotion.*

*L'éditeur reconnaît l'aide financière du
gouvernement du Canada, par l'entremise
du Programme d'aide au développement
de l'industrie de l'édition (PADIÉ), pour
ses activités d'édition.*

Remerciements

Tout d'abord, merci à vous,
gourmets et gourmands, d'avoir fait
du livre *Les secrets des sauces révélés
par Jérôme Ferrer* un grand succès.

Merci à André Provencher et à son équipe
de me permettre de partager dans
ce deuxième secret un grand nombre
de mes recettes gourmandes accumulées
depuis un certain nombre d'années...

À ma douce moitié, Virginie, de m'offrir sa douce
complicité dans cette nouvelle aventure sucrée.

Et à toi mon ami Francis Reddy,
d'être toujours là avec Brigitte et de m'avoir
permis de construire de grands rêves.

À vous, clients du restaurant Europea,
de faire battre mon cœur et
celui de mes deux amis de toujours.

Table des matières

Introduction

« "Dessert" ta ceinture ! » C'est ce que j'ai envie de vous dire à tous. En effet, quand il s'agit de desserts, il ne peut y avoir de compromis pour moi.

Dans une recette de dessert, aucun substitut ne peut remplacer les produits comme le sucre, la crème, le beurre ou le chocolat.

Vrai, bon et goût, voici les trois mots clés pour la réussite de plats gourmands.

Notons qu'il faut y ajouter un peu de patience et beaucoup de plaisir et votre dessert sera une réussite assurée !

Dans cet ouvrage, je partage avec vous ma deuxième passion après la cuisine, celle de la pâtisserie.

En solo, en duo ou en famille, toutes les raisons sont bonnes pour satisfaire nos fringales de sucré instantanées.

Ici, tout est plaisir. Mes recettes sont simplifiées par les unités de mesure, leur facilité de préparation et les icônes qui en permettent une lecture rapide.

Ce livre offre quatre principaux thèmes pour vous aider dans vos envies sucrées :
• le chocolat ;
• la crème, les œufs et le beurre ;
• les fruits ;
• le sucre.

Je vous souhaite encore et toujours de continuer à communier avec le péché de la gourmandise.

Prenez plaisir à cuisiner et bien sûr à partager ce deuxième secret !

Gastronomiquement vôtre,

Jérôme Ferrer

L'ABC DE LA GOURMANDISE
SANS COMPROMIS

Ce nouvel ouvrage est le parfait guide de la tentation sans image, facile, rapide et accessible pour une fringale gourmande.

Quatre grands thèmes pour laisser place au bon et au goût que ce soit en solo, en duo ou en famille.

Le chocolat

Pour les mordus de cacao, une sélection de desserts gourmands, croquants, coulants et fondants.

La crème, le lait et les œufs

Comme si vous étiez sur un nuage. Des recettes qui vous feront découvrir légèreté, volupté et sensualité.

Les fruits

Parcourez les vergers ensoleillés et les jardins secrets pour des desserts pleins de saveurs dignes des plus grands gourmets.

Le sucre

Pour travailler avec le plus beau joyau des desserts, un diamant à la base des recettes les plus gourmandes.

Icônes et légendes

Les recettes proposées sont pour 4 à 6 personnes.

L'horloge

 Indique le temps de préparation.

Les toques

Indiquent le degré de facilité de préparation.

Simple
à exécuter

Facile,
mais à
surveiller

Demande
de l'attention

Astuces du chef!

 Des suggestions de garnitures.
Des conseils et astuces du chef.

Préparation

 Cuisson Sans cuisson

Les mesures

Trois unités de mesure seulement sont utilisées dans
les recettes pour faciliter votre tâche.

• La tasse • La cuillère (à thé ou à soupe) • La pincée

Table de conversion simplifiée

Un tableau de référence qui vous aidera à faire le calcul de vos mesures pour les aliments liquides et les solides. L'unité de mesure de base est la tasse.

Liquides
(lait, eau, crème liquide)
1 tasse = ¼ de litre ou 250 g
1 cuillère à soupe = 15 ml

Beurre
1 tasse = ¼ de kg ou 250 g
1 cuillère à soupe = 15 g

Sucre
1 tasse = 200 g
1 cuillère à soupe = 15 g

Sucre à glacer
1 tasse = 100 g
1 cuillère à soupe = 10 g

Cassonade
1 tasse = 200 g
1 cuillère à soupe = 15 g

Farine
1 tasse = 100 g
1 cuillère à soupe = 10 g

Riz
1 tasse = 200 g
1 cuillère à soupe = 15 g

Chapelure, poudre d'amandes et cacao
1 tasse = 100 g
1 cuillère à soupe = 10 g

Chocolat
½ tasse = 75 g
1 tasse = 150 g
1 cuillère à soupe = 15 g

Récapitulatif des cuissons

Doux : 75 °C / 150 °F
Doux : 100 °C / 200 °F
Doux : 125 °C / 250 °F

Moyen : 150 °C / 300 °F
Moyen : 175 °C / 350 °F

Fort : 200 °C / 400 °F
Fort : 220 °C / 425 °F

Le chocolat

Pour les mordus de cacao,
une sélection de desserts gourmands,
croquants, coulants et fondants.

NOTE : Lorsqu'il faut utiliser une gousse de vanille dans les préparations, procéder ainsi : couper la gousse de vanille dans le sens de la longueur, la vider de ses graines à l'aide d'un petit couteau et déposer le tout dans la préparation.

Bavarois au chocolat noir et au gingembre confit

25 min

2 t. de lait
5 feuilles de gélatine
6 jaunes d'œufs
1 t. de sucre
¼ t. ou 40 g de chocolat à
  cuisson noir 70 % cacao,
  haché

2 c. à soupe de cacao amer
  en poudre
1 t. de crème 35 %
1 c. à soupe de gingembre
  confit

PRÉPARATION : Dans une casserole, faire chauffer le lait à feu doux. Tremper les feuilles de gélatine dans de l'eau froide puis les faire fondre dans le lait chaud. Remuer à l'aide d'un fouet. Entre-temps, déposer les jaunes d'œufs et le sucre dans un grand bol. Battre énergiquement avec un fouet jusqu'à l'obtention d'une préparation homogène et blanchâtre. Verser le lait chaud sur les œufs blanchis tout en remuant. Remettre le tout dans une casserole. Chauffer. Remuer continuellement à l'aide d'une spatule de bois. Ajouter le chocolat pour le faire fondre ainsi que le cacao. Attention, cette préparation ne doit pas bouillir. Retirer du feu dès que la sauce nappe la spatule. Incorporer le gingembre confit. Laisser reposer. Monter la crème en Chantilly (voir la recette à la page 54). L'incorporer au mélange chocolaté une fois celui-ci à température ambiante. Plier doucement à l'aide d'une spatule. Verser dans un moule à muffins ou des petits ramequins. Laisser reposer les bavarois 5 à 6 heures au frais avant de les démouler et de les déguster.

Un sublime gâteau frais et léger pouvant être confectionné tout au long de l'année.

Biscuit au chocolat sans farine

45 min

1 t. ou 150 g de chocolat à
  cuisson noir 70 % cacao,
  haché
½ t. de beurre
5 œufs, jaunes et blancs séparés

½ t. de sucre
1 t. de poudre d'amandes
1/3 t. de griottes

PRÉPARATION : Faire fondre le chocolat et le beurre au bain-marie. Dans un bol, déposer les jaunes d'œufs et le sucre. Battre énergiquement avec un fouet jusqu'à l'obtention d'une préparation homogène et blanchâtre. Dans un autre bol, monter les blancs en neige bien fermes (voir la recette à la page 49) avec un batteur à main. Incorporer la poudre d'amandes aux œufs en neige. Verser les œufs en neige dans la préparation chocolatée. Utiliser une spatule pour plier délicatement. Verser dans un moule à gâteau. Cuire au four 20 à 25 minutes à 175 °C / 350 °F.

Un soupçon de crème anglaise et une cuillérée de crème Chantilly (voir la recette à la page 54) sur ce biscuit : un accès direct aux nuages...

Bonbons de chocolat

½ t. de lait
1 c. à thé d'extrait de vanille
1 t. de sucre
1 t. ou 150 g de chocolat à cuisson noir 70 % cacao, haché
1 c. à soupe de miel
½ t. de beurre

20 min

PRÉPARATION : Dans une casserole, porter à ébullition le lait, l'extrait de vanille et le sucre. Faire fondre le chocolat dans le lait vanillé et sucré. Ajouter le miel. Cuire à feu doux 5 minutes en ajoutant le beurre peu à peu tout en remuant avec une spatule. Laisser réduire la préparation 10 minutes. Une fois la préparation homogène et bien épaissie, verser dans un plat dont on pourra facilement démouler les bonbons. Laisser reposer 24 heures au frais. Démouler et couper en petits carrés.

Pour plus de plaisir encore, replonger les bonbons démoulés dans du chocolat fondu pour obtenir une double saveur chocolatée.

Brownies au chocolat

1 ½ t. ou 225 g de chocolat à cuisson noir 70 % cacao, haché
1 t. de beurre
5 œufs

1 t. de sucre
1 t. de farine
1 t. de noix de pécan ou autres noix

45 min

PRÉPARATION : Faire fondre le chocolat et le beurre au bain-marie. Dans un bol, déposer les œufs et le sucre. Battre énergiquement avec un fouet jusqu'à l'obtention d'une préparation homogène et blanchâtre. Verser la préparation chocolatée dans le mélange d'œufs. Utiliser un tamis et verser la farine en pluie dans le mélange pour éviter la formation de grumeaux. Ajouter les noix de votre choix. Remuer. Verser dans un moule à gâteau. Cuire au four 25 à 30 minutes à 175 °C / 350 °F.

Accompagner ces succulents brownies d'une boisson de chocolat chaud à l'ancienne (voir la recette à la p. 19).

Caramels mous au chocolat

25 min

1 t. de beurre
1 t. de sucre
1 t. de miel
1 t. ou 150 g de chocolat à cuisson noir 70 % cacao, haché
3 c. à soupe de crème à cuisson 35 %

PRÉPARATION : Dans une casserole, faire fondre le beurre avec le sucre à feu doux. Ajouter le miel et remuer avec une spatule de bois. Faire fondre le chocolat au bain-marie et délayer avec la crème. Ajouter la préparation chocolatée au mélange de sucre en cuisson. Cuire à feu moyen 25 minutes en remuant de temps à autre. Verser sur une plaque à rebords huilée. Une fois le caramel refroidi, le démouler et couper en petits carrés.

Qu'ils soient durs ou mous, les caramels nous donnent toujours le goût d'y revenir. Pour mieux conserver ces petits bonbons, les emballer individuellement dans des papiers transparents à bonbons ou à caramels.

Cerises de terre enrobées de chocolat et de noix de coco

10 min

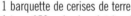
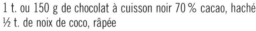

1 barquette de cerises de terre
1 t. ou 150 g de chocolat à cuisson noir 70 % cacao, haché
½ t. de noix de coco, râpée

PRÉPARATION : Relever les queues de cerises de terre, en prenant soin de ne pas les arracher, afin de dégager le fruit. Faire fondre le chocolat au bain-marie. Déposer le chocolat fondu dans un petit bol, et la noix de coco râpée dans un autre. Tremper les cerises de terre une à une dans le chocolat en les tenant par la queue. Recouvrir tout le fruit de chocolat. Plonger ensuite le fruit à mi-hauteur dans le plat de noix de coco. Déposer les cerises sur un papier parchemin. Laisser reposer quelques minutes avant de déguster.

Friandises par excellence pour les amoureux de chocolat et de noix de coco. Une mignardise très appréciée pour toutes les grandes et petites occasions.

Choco loco (boisson)

3 t. de lait
1 t. de crème à cuisson 15 %
1 c. à thé d'extrait de vanille
1 t. ou 150 g de chocolat à cuisson noir 70 % cacao, haché
4 boules de crème glacée à la vanille

1 banane, coupée en fines rondelles
4 c. à soupe de Grand Marnier
1 t. de crème Chantilly (recette page 54)
1 c. à soupe d'amandes effilées, grillées

6 min

PRÉPARATION : Dans une casserole, faire chauffer à feu doux le lait, la crème et l'extrait de vanille. Ajouter le chocolat. Entre-temps, déposer une boule de crème glacée à la vanille dans 4 grandes tasses. Répartir les fines rondelles de banane dans chacune des tasses. Verser le chocolat chaud dans les tasses puis arroser la préparation de 1 cuillère à soupe de Grand Marnier. Déposer la crème Chantilly sur le dessus puis terminer avec les amandes.

En solo ou en duo avec de simples crêpes au sucre (voir la recette à la p. 65). Extase assurée.

Chocolat chaud à l'ancienne (boisson)

1 t. d'eau
1 c. à thé d'extrait de vanille
1 pincée de cannelle

1 t. ou 150 g de chocolat noir 70 % cacao, haché
4 t. de lait

10 min

PRÉPARATION : Dans une casserole, porter l'eau à ébullition. Ajouter l'extrait de vanille et la pincée de cannelle. Faire fondre le chocolat au bain-marie. Verser le chocolat fondu dans l'eau et remuer à feu doux à l'aide d'une cuillère de bois. Une fois la préparation homogène, ajouter le lait et porter à ébullition. Retirer du feu. Brasser. Conserver au frais environ 1 heure avant de déguster.

Au moment de servir, réchauffer la préparation à feu moyen et mixer la boisson chocolatée avec un batteur à main pour obtenir une émulsion. Encore meilleur lorsque préparé la veille...

Chocolat forestier (boisson)

3 min

1 t. ou 150 g de chocolat noir 70 % cacao
1 t. de café espresso

PRÉPARATION : Déposer le chocolat noir dans le café espresso et remuer pour le faire fondre.

Le goût du café et celui du chocolat ressortent plus intensément encore dans ce mélange.

Chocolat viennois (boisson)

10 min

2 t. de lait
2 c. à soupe de crème
   à cuisson 35 %
1 c. à thé d'extrait de vanille

½ t. ou 75 g de chocolat noir
   70 % cacao, haché
1 t. de crème Chantilly
   (recette page 54)

PRÉPARATION : Dans une casserole, porter le lait, la crème et l'extrait de vanille à ébullition. Faire fondre le chocolat au bain-marie. Verser le chocolat fondu dans la préparation et brasser énergiquement avec un fouet. Verser dans des tasses et répartir la crème Chantilly sur le dessus de chacune.

Saupoudrer de cacao amer et déposer une boule de crème glacée vanille dans chacune des tasses. frissons gourmands garantis!

Confiture de chocolat

1 h

2 t. de lait
1 ½ t. de sucre
¼ t. ou 40 g de chocolat à cuisson noir 70 % cacao, haché

PRÉPARATION : Dans une casserole, porter le lait et le sucre à ébullition. Laisser réduire à feu moyen tout en remuant fréquemment avec une spatule de bois. Déposer le chocolat dans la préparation et laisser fondre tout en remuant. Laisser chauffer 45 minutes jusqu'à l'obtention d'une préparation onctueuse. Retirer la casserole du feu et mixer la confiture à l'aide d'un batteur à main à même la casserole. Verser la préparation dans des petits pots avec couvercles. Une fois les couvercles biens vissés, retourner les pots le temps que la préparation refroidisse.

Un vrai délice à tartiner simplement sur du pain ou des tranches de gâteau.

Cookies au chocolat et aux noix de pécan

1 t. de cassonade
1 t. de beurre, ramolli
3 œufs
2 ½ t. de farine
1 c. à thé de poudre à pâte
    ou levure chimique

¼ t. de cacao amer en poudre
½ t. ou 75 g de chocolat
    à cuisson noir 70 %
    cacao, haché
Pépites de chocolat et
    noix de pécan (au goût)

30 min

PRÉPARATION : Dans un bol, déposer la cassonade et le beurre. Battre énergiquement avec un fouet en incorporant les œufs un à un. Utiliser un tamis et verser la farine, la poudre à pâte et le cacao en pluie dans le mélange pour éviter la formation de grumeaux. Mélanger jusqu'à l'obtention d'une préparation homogène. Faire fondre le chocolat au bain-marie. Ajouter les pépites de chocolat et les noix de pécan. Déposer 1 cuillère à table de pâte par cookie sur une plaque à cuisson en les espaçant de 5 à 6 cm. Cuire au four 15 à 20 minutes à 175 °C / 350 °F.

Au goûter ou pour le petit-déjeuner, les cookies sont toujours extraordinaires avec un verre de lait. Variantes : remplacer le chocolat noir par du chocolat blanc et utiliser des noisettes ou des noix de pin au lieu des noix de pécan.

Crème anglaise au chocolat

2 t. de lait
1 c. à thé d'extrait de vanille
¼ t. ou 40 g de chocolat à
    cuisson noir 70 %, haché

6 jaunes d'œufs
½ t. de sucre

25 min

PRÉPARATION : Dans une casserole, porter le lait et l'extrait de vanille à ébullition. Y déposer le chocolat et le faire fondre en remuant. Dans un bol, déposer les jaunes d'œufs et le sucre. Battre énergiquement avec un fouet jusqu'à l'obtention d'une préparation homogène et blanchâtre. Verser la préparation chocolatée sur le mélange d'œufs et remettre le tout en cuisson dans la casserole en remuant continuellement avec une spatule de bois. Lorsque la préparation nappe la spatule, retirer du feu. Conserver au frais. Avant de servir, faire chauffer la crème anglaise à feu doux.

Pourquoi ne pas servir une île flottante sur crème anglaise au chocolat ? Après tout, il reste 6 blancs d'œufs à utiliser (voir la recette à la page 58).

Crème au beurre au chocolat

20 min

1 t. de sucre
2 c. à soupe d'eau
4 jaunes d'œufs
3 t. de beurre, ramolli
¾ t. ou 225 g de chocolat à cuisson noir 70 % cacao, haché

PRÉPARATION : Dans une casserole ou au micro-ondes, chauffer le sucre et l'eau jusqu'à ce que le sucre soit complètement dissout. Déposer les jaunes d'œufs dans l'eau sucrée et à l'aide d'un fouet, monter la préparation pendant 2 à 3 minutes. Ajouter le beurre au mélange d'œufs et battre le tout. Faire fondre le chocolat au bain-marie puis laisser refroidir à température ambiante. Pour terminer, mélanger les deux préparations. Conserver au frais.

Idéal pour farcir les macarons, mais aussi pour napper un gâteau à la dernière minute.

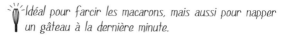

Crème brûlée au chocolat

30 min

2 t. de crème à cuisson 35 %
1 c. à thé d'extrait de vanille ou ½ gousse de vanille
1 ½ t. ou 225 g de chocolat à cuisson noir 70 % cacao, haché
5 jaunes d'œufs
½ t. de sucre

PRÉPARATION : Dans une casserole, porter la crème et la vanille (voir note page 15) à ébullition. Retirer la gousse de vanille si utilisée. Ajouter le chocolat et le faire fondre en remuant. Dans un bol, déposer les jaunes d'œufs et le sucre. Battre énergiquement à l'aide d'un fouet jusqu'à l'obtention d'une préparation homogène et blanchâtre. Incorporer la préparation chocolatée dans le mélange d'œufs. Verser dans de petits ramequins. Cuire au four 20 minutes environ dans un bain-marie à 175 °C / 350 °F. Conserver une demi-journée au frais avant de déguster. Au moment de servir, disposer une fine couche de sucre ou de cassonade sur les crèmes et caraméliser avec un petit chalumeau de cuisine.

Pour les accros à la crème brûlée, y aller avec une trilogie : au chocolat, au café ou à la vanille.

Crème Chantilly chocolatée

1 t. de crème 35 %
1 c. à thé d'extrait de vanille
1 c. à soupe de sucre à glacer
1 c. à soupe ou 15 g de chocolat 70 % cacao, concassé
1 c. à thé de cacao amer en poudre

10 min

PRÉPARATION : Dans un bol, verser la crème et la monter en Chantilly (voir la recette à la page 54) à l'aide d'un fouet. Ajouter l'extrait de vanille ainsi que le sucre à glacer. Remuer délicatement puis incorporer le chocolat. Saupoudrer de cacao avant de servir.

Accompagne bien les crêpes fines ou les gaufres. Un pur plaisir...

Crème renversée au chocolat

| 1 t. ou 150 g de chocolat à cuisson noir 70 % cacao, haché | 4 t. de lait 8 œufs 1 ½ t. de sucre |

25 min

PRÉPARATION : Dans une casserole, faire fondre le chocolat dans le lait. Porter à ébullition. Dans un bol, déposer les œufs et le sucre. Battre le tout énergiquement avec un fouet jusqu'à l'obtention d'une préparation homogène et blanchâtre. Verser le chocolat au lait à ébullition sur la préparation d'œufs. Bien mélanger. Verser la préparation dans des petits ramequins. Cuire au four dans un bain-marie 25 minutes à 175 °C / 350 °F. Conserver au frais 2 à 3 heures avant de déguster.

Pour faciliter le démoulage au moment de servir, passer une lame de couteau sur les parois des ramequins et renverser les crèmes sur des assiettes à dessert.

Crémeux au chocolat

| 1 ½ t. ou 225 g de chocolat à cuisson noir 70 % cacao, haché 1 t. de sucre | 2 t. de lait 2 t. de crème 35 % 8 jaunes d'œufs |

15 min

PRÉPARATION : Faire fondre le chocolat au bain-marie. Dans une casserole, porter la moitié du sucre, le lait et la crème à ébullition. Dans un bol, déposer les jaunes d'œufs et le sucre restant. Battre énergiquement avec un fouet jusqu'à l'obtention d'une préparation homogène et blanchâtre. Verser la préparation de lait et de crème chaude sur les œufs et remuer le tout.

Déposer dans une casserole et y ajouter la préparation chocolatée. Cuire à feu doux de 6 à 7 minutes. Mixer la préparation directement dans la casserole à l'aide d'un batteur à main. Verser dans de petits ramequins. Conserver au frais 2 à 3 heures avant de déguster.

 Du vrai velours! À découvrir absolument!

Crêpes « choco-folies »

10 min

Crêpes (recette page 65)
¼ t. ou 40 g de chocolat à cuisson noir 70 % cacao, haché
6 grosses fraises, rincées, en fines lamelles
1 c. à soupe de sucre
2 c. à soupe de Grand Marnier
4 boules de crème glacée à la vanille
1 c. à thé de zeste de citron, râpé

PRÉPARATION : Après avoir confectionné les crêpes, faire fondre le chocolat au bain-marie. Dans une poêle, faire sauter rapidement les lamelles de fraises avec le sucre et le Grand Marnier. Dans chaque assiette, disposer une crêpe et déposer les fraises cuites au centre de chacune. Ajouter une boule de crème glacée à la vanille et napper de chocolat chaud. Terminer avec le zeste de citron râpé et saupoudrer de sucre.

 *Une petite coupe de champagne avec ça?*

Flan au chocolat

40 min

4 t. de lait
1 ½ t. ou 225 g de chocolat
    à cuisson noir 70 %
    cacao, haché
½ gousse de vanille ou
    1 c. à thé d'extrait de vanille

3 œufs entiers
4 jaunes d'œufs
1 t. de sucre fin

PRÉPARATION : Dans une casserole, porter le lait à ébullition. Faire fondre le chocolat au bain-marie. Verser le chocolat fondu dans le lait chaud et mélanger le tout à l'aide d'un fouet. Incorporer la vanille (voir note page 15). Dans un bol, déposer les œufs entiers ainsi que les jaunes puis ajouter le sucre. Battre énergiquement avec un fouet jusqu'à l'obtention d'une préparation homogène et blanchâtre. Verser le lait au chocolat, dont la gousse de vanille aura été retirée si utilisée, sur le mélange d'œufs et bien remuer. Verser dans de petits ramequins. Cuire au four 30 minutes à 180 °C / 375 °F.

💡 *À déguster froid. Les biscuits langues de chats ou dentelles s'agencent à merveille avec le flan.*

Fondue au chocolat

½ t. de lait
½ t. de crème à cuisson 15 %
1 gousse de vanille ou
   1 c. à thé d'extrait de vanille

2 t. ou 300 g de chocolat
   à cuisson noir 70 %
   cacao, haché

15 min

PRÉPARATION : Dans une casserole, faire chauffer à feu doux le lait, la crème et la vanille (voir note page 15). Retirer la gousse de vanille si utilisée. Ajouter le chocolat et le faire fondre doucement en remuant avec une spatule de bois. Dès que le mélange est homogène, laisser réduire 2 à 3 minutes puis servir.

💡 *Un grand choix de trempettes est possible : ananas, pommes, poires, fraises, bananes... Quant à moi, je succombe toujours à ce mélange servi avec une boule de crème glacée à la coco. C'est un mariage réussi et un très beau chaud-froid tout chocolat.*

Forêt noire

1 gâteau ô chocolat
   (recette page 27)
½ t. de kirsch
3 t. de crème 35 %
1 t. de sucre à glacer

1 c. à soupe d'extrait de vanille
1 t. de cerises noires ou
   amarena
1 t. de copeaux de chocolat
   noir

25 min

PRÉPARATION : À l'aide d'un grand couteau, couper le gâteau horizontalement pour former deux ou trois étages. À l'aide d'un pinceau, badigeonner les cercles de gâteau de kirsch. Monter la crème en Chantilly (voir la recette à la page 54). Y incorporer le sucre à glacer et l'extrait de vanille. Étaler le tiers de la crème sur le premier cercle du gâteau, disposer des cerises sur la crème. Recouvrir du deuxième cercle de gâteau et répéter l'opération. Recouvrir le dessus du gâteau avec la crème Chantilly restante. Décorer avec le reste des cerises et les copeaux de chocolat.

💡 *Plus la forêt noire sera riche en volume et en crème Chantilly, plus elle sera savoureuse.*

Fraises au chocolat
« black & white »

½ t. ou 75 g de chocolat à cuisson noir 70 % cacao, haché
½ t. ou 75 g de chocolat blanc, haché
2 c. à soupe de crème à cuisson 15 %
1 barquette de fraises

10 min

PRÉPARATION : Faire fondre le chocolat au bain-marie. Faire de même avec le chocolat blanc dans un plat séparé. Comme le chocolat blanc fond plus difficilement que le noir, ajouter la crème et remuer avec une petite cuillère pour l'aider à fondre doucement. Une fois les deux chocolats fondus, les déposer dans des ramequins séparés. Plonger entièrement chacune des fraises dans le chocolat noir puis déposer sur un papier parchemin. Une fois le chocolat durci, plonger les fraises dans le chocolat blanc, mais cette fois en ne recouvrant que la moitié de chaque fraise. Conserver au frais.

Ne jamais utiliser d'eau pour faire fondre le chocolat blanc. L'effet inverse de celui recherché se produit alors : le chocolat durcit.

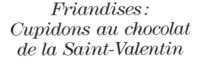

Friandises :
Cupidons au chocolat
de la Saint-Valentin

25 min

½ t. de pâte d'amande blanche   ¼ t. de crème de cassis
½ t. ou 75 g de chocolat   1 c. à soupe de gingembre
   à cuisson noir 70 % cacao,   confit, en dés
   haché

PRÉPARATION : Dans un bol, déposer la pâte d'amande et la crème de cassis. Malaxer avec les doigts suffisamment pour faire pénétrer la crème dans la pâte d'amande. Rouler la pâte à 1 cm (½ po) d'épaisseur. Découper des petits cœurs à l'aide d'un emporte-pièce ou avec la pointe d'un couteau. Déposer les cœurs au congélateur pour les faire durcir rapidement. Entre-temps, faire fondre le chocolat au bain-marie. Retirer les cœurs du congélateur et les plonger dans le chocolat fondu. Retirer à l'aide d'une fourchette de table et égoutter avant de déposer sur un papier parchemin. Parsemer de dés de gingembre confit. Conserver dans une boîte métallique ou de plastique fermée hermétiquement.

Variante : mélanger les dés de gingembre confit directe-ment dans la pâte d'amande.

Ganache au chocolat

2 t. ou 300 g de chocolat
à cuisson noir 70 % cacao,
haché

1 c. à soupe de beurre
2 t. de crème à cuisson 35 %

15 min

PRÉPARATION : Faire fondre le chocolat et le beurre au bain-marie. Dans une casserole, porter la crème à ébullition. Verser la crème dans la préparation chocolatée à l'aide d'une spatule. Mélanger jusqu'à l'obtention d'une préparation homogène. Verser dans un petit bol et laisser reposer.

Variante : parfumer la ganache avec un peu d'alcool. Pour ce faire, ajouter quelques gouttes d'alcool dans la crème au moment de sa cuisson.

Gâteau au yogourt au chocolat

1 t. ou 150 g de chocolat à
cuisson noir 70 % cacao,
haché
½ t. de beurre
4 œufs, jaunes et blancs séparés

½ t. de sucre
1 petit pot de yogourt nature
1 t. de farine
1 c. à thé de poudre à pâte
ou levure chimique

30 min

PRÉPARATION : Faire fondre le chocolat et le beurre au bain-marie. Dans un bol, déposer les jaunes d'œufs et le sucre. Battre énergiquement avec un fouet jusqu'à l'obtention d'une préparation homogène et blanchâtre. Ajouter le yogourt et remuer. Dans un autre bol, mélanger la farine et la poudre à pâte. Incorporer le mélange d'œufs à la préparation de farine. Remuer. Ajouter la préparation chocolatée. Monter les blancs d'œufs en neige bien fermes (voir la recette à la page 49) et ajouter à la préparation. Utiliser une spatule pour plier délicatement. Verser dans un moule à gâteau. Cuire au four 25 à 30 minutes 175 °C / 350 °F.

Pourquoi ne pas essayer le gâteau au yogourt *(voir recette à la page 57).*

Gâteau ô chocolat

½ t. ou 75 g de chocolat à
cuisson noir 70 % cacao,
haché
1 t. de lait
1 t. de beurre

¼ t. de farine
3 c. à thé de poudre à pâte
ou levure chimique
4 œufs
½ t. de sucre

30 min

PRÉPARATION : Dans une casserole, faire fondre le chocolat avec le lait à feu doux. Ajouter le beurre. Dans un bol, déposer la farine et la poudre à pâte. Creuser un petit puits au centre et y déposer les œufs et le sucre. Mélanger à l'aide d'un fouet et ajouter la préparation chocolatée. Remuer. Verser dans un moule à gâteau. Cuire au four 25 à 30 minutes à 200 °C / 400 °F.

Ce gâteau est une merveille comme base pour un forêt noire (voir la recette à la page 25).

Glaçage au chocolat

30 min

1 t. ou 150 g de chocolat à cuisson noir 70 % cacao, haché	¾ t. de beurre 1 goutte d'extrait de vanille

PRÉPARATION : Faire fondre le chocolat au bain-marie. Dans une casserole, faire fondre le beurre. Incorporer au chocolat fondu. Remuer à l'aide d'une spatule pour obtenir un mélange bien homogène. Ajouter l'extrait de vanille. Remuer.

S'assurer que le glaçage soit à température ambiante avant de l'utiliser pour couvrir un gâteau.

Macarons au chocolat

3 t. de sucre	3 t. de sucre à glacer
¾ t. d'eau	3 t. de poudre d'amandes
2 x 12 blancs d'œufs	

50 min

PRÉPARATION : <u>Note : Attention, cette recette est très technique. À suivre minutieusement.</u> Dans une casserole, porter le sucre et l'eau à ébullition. Éteindre le feu dès l'apparition des premières grosses bulles dans le sirop (à 120 °C / 250 °F au thermomètre à sucre uniquement). Idéalement à l'aide d'un batteur sur socle, montez 12 blancs d'œufs en neige (voir la recette à la page 49). Y incorporer le sucre chaud par séquences lentes, en petits filets, jusqu'à l'obtention d'une préparation homogène. Conserver la meringue obtenue à température ambiante. Monter en neige les 12 autres blancs d'œufs dans le batteur sur socle. Y incorporer le sucre à glacer et la poudre d'amandes une fois les blancs bien fermes. Mélanger cette préparation à la première. Utiliser une spatule pour plier délicatement. À l'aide d'une poche à douille ou d'une cuillère, déposer la préparation sur une feuille de papier parchemin. Former des macarons du diamètre d'une pièce de deux dollars. Laisser une croûte se former sur les extrémités des macarons en les laissant à température ambiante environ 30 à 40 minutes. Cuire au four 7 à 8 minutes à 180 °C / 350 °F. Retirer du four et laisser refroidir. Conserver au frais.

Farcir les macarons avec une crème au beurre au chocolat (voir la recette à la page 22) et les savourer

*les uns après les autres jusqu'à épuisement des stocks.
Croquants, moelleux et savoureux, les macarons vous
feront fondre, tout simplement.*

Marquises au chocolat

25 min

1 t. ou 150 g de chocolat à cuisson noir 70 % cacao, haché	1 c. à soupe de café régulier
½ t. de beurre	3 œufs, jaunes et blancs séparés ou espresso
2 c. à soupe de Cointreau	1 c. à soupe de dés d'orangettes confites (recette page 109)

PRÉPARATION: Faire fondre le chocolat et le beurre au bain-marie. Déposer ensuite dans un grand bol et ajouter le Cointreau et le café. À l'aide d'un fouet, incorporer les jaunes d'œufs un à un dans la préparation chocolatée. Bien mélanger jusqu'à l'obtention d'une préparation homogène. Ajouter les dés d'orangettes confites. Laisser refroidir jusqu'à température ambiante. Dans un autre bol, monter les blancs d'œufs en neige (voir la recette à la page 49). Incorporer les œufs en neige dans le chocolat tempéré. Utiliser une spatule pour plier délicatement. Verser dans des petits moules en silicone ou autres faciles à démouler. Conserver au frais une demi-journée, toujours dans les moules, avant de déguster.

Une fois les marquises démoulées, servir chacune d'elles dans une assiette creuse au fond de laquelle aura été déposée une bonne couche de crème anglaise (voir la recette à la page 51) parfumée, par exemple, au Cointreau. Essayer ce dessert, c'est l'adopter!

Mayonnaise au chocolat

15 min

¾ t. ou 125 g de chocolat à cuisson noir 70 % cacao, haché	2 œufs, jaunes et blancs séparés
½ t. de beurre	1 pincée de sel
	¼ t. de farine

PRÉPARATION: Faire fondre le chocolat et le beurre au bain-marie. À l'aide d'un batteur à main, monter les blancs d'œufs en neige avec une pincée de sel (voir la recette à la page 49). Verser la préparation chocolatée dans les œufs par séquences lentes, en petits filets, puis incorporer les jaunes d'œufs. Brasser jusqu'à l'obtention d'une préparation homogène. Conserver au frais.

Servir en accompagnement avec des cakes ou tout autre gâteau aux œufs: un accord gourmand irrésistible.

Milk-shake au chocolat

10 min

1 t. de crème glacée au chocolat
1/3 t. de sucre
2 t. de lait
1 c. à soupe de cacao amer en poudre

2 c. à soupe ou 30 g de chocolat à cuisson noir 70 % cacao, préalablement fondu
5 à 6 glaçons

PRÉPARATION : Verser tous les ingrédients dans un batteur sur socle. Mixer le tout à vitesse maximale au moins 1 minute. Servir dans un grand verre avec une paille et savourer immédiatement.

Avec, en prime, des morceaux de banane et du lait de coco, c'est purement délicieux!

Moelleux et coulant choco-griottes

20 min

1 t. ou 150 g de chocolat à cuisson noir 70 % cacao, haché
1/2 t. de beurre
4 œufs entiers

1 jaune d'œuf
1/2 t. de sucre
1/4 t. de farine
1/3 t. de griottes

PRÉPARATION : Faire fondre le chocolat et le beurre à feu doux au bain-marie. Remuer doucement avec une spatule de bois. Dans un bol, déposer les œufs, le jaune d'œuf et le sucre. Battre énergiquement avec un fouet jusqu'à l'obtention d'une émulsion homogène et onctueuse. Verser la préparation chocolatée dans le mélange d'œufs. Incorporer la farine peu à peu. Utiliser des petits ramequins à cuisson ou moules à muffins préalablement beurrés. Déposer 2 à 3 griottes au fond de chacun d'eux. Verser le mélange dans les ramequins ou les moules. Cuire au four 8 à 9 minutes à 175 °C / 350 °F.

Pour succomber à tout le charme de ce dessert, ajouter une boule de crème glacée à la vanille sur la préparation au moment de servir. Un petit verre de porto et c'est le paradis!

Mousse au chocolat à ma façon

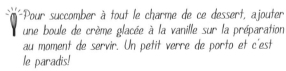

3 t. ou 450 g de chocolat à cuisson noir 70 % cacao, haché
2 t. de beurre
12 œufs, jaunes et blancs séparés

2 t. de sucre
3 c. à soupe d'eau
2 1/2 t. de crème 35 %

PRÉPARATION : Faire fondre le chocolat et le beurre au bain-marie. Laisser tiédir jusqu'à température ambiante. Dans un bol, déposer les jaunes d'œufs. Dans une casserole, porter le sucre et l'eau à ébullition. Retirer du feu dès l'apparition des première bulles et verser sur les jaunes d'œufs. Brasser énergiquement avec un fouet. Monter les blancs en neige très fermes (voir la recette à la page 49). Monter la crème en Chantilly (voir la recette à la page 54). Verser la préparation chocolatée dans le mélange de jaunes d'œufs. Monter comme un sabayon avec un fouet. Ajouter la crème Chantilly ainsi que les blancs en neige. Utiliser une spatule pour plier délicatement de manière à conserver le moelleux de la mousse. Verser le mélange dans des petits verres ou petits ramequins. Laisser reposer 2 à 3 heures au frais avant de déguster.

 25 min

 Saupoudrer de cacao amer au moment de servir.

Orangettes confites au chocolat

5 grosses oranges à écorce épaisse, lavées et pelées
4 t. d'eau

2 t. de sucre
1 t. ou 150 g de chocolat à cuisson noir 70 % cacao, haché

 20 min

PRÉPARATION : Découper l'écorce d'orange en bâtonnets d'environ 1 cm de largeur sur 5 cm de longueur (½ po sur 2 po). Dans une grande casserole, porter l'eau et le sucre à ébullition. Incorporer les bâtonnets d'orange dans l'eau sucrée et laisser réduire le sirop à feu doux environ 2 heures. Faire fondre le chocolat au bain-marie. Laisser tiédir jusqu'à température ambiante. Tremper une à une les orangettes confites dans le chocolat fondu de manière à les recouvrir entièrement. Les retirer à l'aide d'une fourchette de table. Égoutter et déposer sur une plaque. Laisser reposer au frais au moins 1 heure avant de déguster.

Un petit chocolat maison agréable, un peu long à confectionner, certes, mais combien savoureux à tout instant, surtout accompagné d'un verre de Grand Marnier.

Palets de chocolat aux noix « mignardises »

 10 min

1 t. ou 175 g de chocolat à cuisson noir 70 % cacao, haché
1 c. à soupe de pistaches, décortiquées

1 c. à soupe de noisettes, grillées
1 c.à soupe de noix de pin
1 c. à soupe d'amandes, grillées

P

PRÉPARATION : Faire fondre le chocolat au bain-marie. Laisser tiédir jusqu'à température ambiante. Sur un plan de travail, disposer une grande feuille de papier parchemin. Former de petits palets en versant le chocolat 1 cuillère à soupe à la fois sur le papier. Chaque palet devrait avoir un diamètre de 4 à 5 cm (2 po). Déposer une petite quantité de noix mélangées au centre de chaque palet. Laisser durcir et conserver au frais dans une boîte fermée hermétiquement.

 Pour un bouquet de saveurs, remplacer les noix par des fruits secs tels que raisins, figues et abricots.

Panacotta au chocolat blanc et aux canneberges

25 min

1 t. de lait
1/3 t. ou 50 g de chocolat blanc, haché
2 t. de crème à cuisson 35 %
3 c. à soupe de canneberges séchées

½ gousse de vanille ou 1 c. à thé d'extrait de vanille
5 feuilles de gélatine

PRÉPARATION : Dans une casserole, porter le lait à ébullition. Retirer du feu et y ajouter le chocolat blanc. Faire fondre en remuant délicatement avec une spatule de bois. Dans une autre casserole, faire chauffer la crème avec la vanille (voir note page 15). Retirer la gousse de vanille si utilisée. Mélanger les deux préparations. Ajouter les canneberges et laisser cuire 5 minutes à feu doux. Temper les feuilles de gélatine dans un peu d'eau froide et les ajouter à la préparation. Retirer aussitôt du feu et bien remuer avec un fouet. Verser dans des coupes ou des verres à martini. Conserver au frais 1 à 2 heures avant de déguster.

 Au moment de servir, pourquoi ne pas déposer une petite quantité de salade de fruits rouges sur le dessus de la panacotta?

Petits pots de crème au chocolat faciles à faire

25 min

¾ t. de crème à cuisson 35 %
¾ t. de lait
¼ t. de sucre
4 jaunes d'œufs

1 t. ou 150 g de chocolat à cuisson noir 70 % cacao, haché

PRÉPARATION : Dans une casserole, porter la crème et le lait à ébullition avec la moitié du sucre. Dans un bol, verser le reste du sucre et les jaunes d'œufs. Battre énergiquement avec un fouet jusqu'à l'obtention d'une préparation homogène et blanchâtre.

Verser le mélange de lait et de crème en petits filets dans le mélange d'œufs. Replacer dans la casserole. Cuire à feu doux en remuant avec une spatule de bois en y incorporant le chocolat préalablement fondu au bain-marie. Cuire 6 à 7 minutes, puis mélanger à l'aide d'un batteur à main. Verser la crème dans des petits pots ou dans des verres. Conserver au frais au moins 3 heures avant de déguster.

Ajouter un petit nuage de mousse de lait sur le dessus des petits pots, comme pour un capuccino. Un vrai régal.

Petits sablés au chocolat et au zeste d'orange

¼ t. de beurre
Zeste de 1 orange, coupé en dés
½ t. de chocolat à cuisson noir 70 % cacao, haché
Petits fours sablés (recette page 66)

20 min

PRÉPARATION : Dans une casserole, faire fondre le beurre avec le zeste d'orange. Cuire à feu doux. Retirer et passer le beurre au tamis une fois bien infusé. Replacer dans une casserole et faire fondre le chocolat dans le beurre. Brasser. Confectionner une pâte sablée et tailler des biscuits ronds dans la pâte à l'aide d'un emporte-pièce. Tremper les petits fours dans la préparation jusqu'à mi-hauteur. Déposer sur un papier parchemin et laisser refroidir. Conserver dans une boîte métallique ou en plastique fermée hermétiquement.

Pour un goût encore plus chocolaté, utiliser des petits sablés dans lesquels du cacao amer en poudre aura été ajouté.

Pouding chômeur au chocolat

1 t. de farine
1 t. de sucre
1/3 t. de cacao amer en poudre
2 c. à thé de poudre à pâte ou levure chimique
½ t. de beurre

¼ t. ou 40 g de chocolat à cuisson noir 70 % cacao, haché
½ t. de lait
1 c. à thé d'extrait de vanille
2 t. d'eau
1 t. de cassonade

45 min

PRÉPARATION : Dans un bol, verser la farine, le sucre, le cacao et la poudre à pâte. Mélanger avec une spatule. Faire fondre le beurre et le chocolat au bain-marie. Dans une casserole, porter le lait et l'extrait de vanille à ébullition. Mélanger ces trois préparations et les verser dans un grand moule à gâteau. Dans une casserole, porter l'eau et la cassonade à ébullition. Laisser réduire

2 à 3 minutes. Verser cette réduction sur la pâte à gâteau. Cuire au four 35 à 45 minutes à 190 °C / 375 °F.

Si le pouding est cuit dans de petits ramequins, la cuisson sera moins longue. Prévoir alors entre 20 et 30 minutes.

Profiteroles tout chocolat

15 min

1 t. ou 150 g de chocolat à cuisson noir 70 % cacao, haché	1 c. à soupe de Grand Marnier
	Choux à farcir du commerce
	Crème glacée chocolat
1/3 t. de crème à cuisson 15 %	Amandes effilées, grillées

PRÉPARATION : Dans une casserole, faire fondre le chocolat avec la crème à petit feu. Y ajouter le Grand Marnier. Farcir les choux de crème glacée au chocolat. Verser la sauce chocolat sur les choux. Parsemer d'amandes au moment de servir.

Pour un dessert tout aussi séduisant, farcir les choux avec une crème pâtissière (voir la recette à la page 56) au chocolat. Le résultat est éclatant!

Rapido-choco
(gâteau au micro-ondes)

10 min

1 t. ou 150 g de chocolat à cuisson noir 70 % cacao, haché	3 œufs
	1/2 t. de sucre
	1/2 t. de farine
1/2 t. de beurre	

PRÉPARATION : Faire fondre le chocolat et le beurre au bain-marie. Dans un bol, déposer les œufs et le sucre. Battre énergiquement avec un fouet jusqu'à l'obtention d'une préparation homogène et blanchâtre. Ajouter la préparation chocolatée au mélange d'œufs. Utiliser un tamis et verser la farine en pluie dans le mélange pour éviter la formation de grumeaux. Verser dans de petits ramequins préalablement beurrés. Remplir les ramequins aux trois quarts. Cuire au micro-ondes à puissance élevée 5 minutes.

Le parfait dessert de dernière minute en famille, en duo ou en solo, bien sûr!

Raviolis au chocolat et caramel à l'orange

1 paquet de pâtes won ton
½ t. de ganache au chocolat
   (recette page 27)

2 blancs d'œufs
½ t. de caramel à l'orange
   (recette page 102)

30 min

PRÉPARATION : Déposer les pâtes won ton sur un plan de travail. Au centre de la moitié d'entre elles, déposer 1 cuillère à thé de ganache au chocolat. Badigeonner les bords des pâtes de blanc d'œufs. Déposer une autre pâte sur chacune des pâtes farcies et presser avec les doigts pour bien refermer et coller les deux couches de pâte. Laisser reposer 1 à 2 heures au frais. Dans une grande casserole remplie d'eau très chaude, cuire les raviolis 1 à 2 minutes. Déposer dans des assiettes creuses et napper de caramel à l'orange préalablement réchauffé.

Il est peu courant de servir un plat de pâtes au chocolat en fin de repas; il faut tenter l'expérience. Pour un succès assuré, ajouter une boule de crème glacée à la vanille. Les papilles en seront tout émoustillées...

Rochers au chocolat « riz soufflé et bâtonnets d'amandes grillées »

15 min

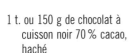

1 t. ou 150 g de chocolat à
   cuisson noir 70 % cacao,
   haché

1 t. de céréales de riz soufflé
½ t. de bâtonnets d'amandes,
   grillés

PRÉPARATION : Faire fondre le chocolat au bain-marie. Dans un bol, déposer le riz soufflé et les bâtonnets d'amandes. Verser le chocolat chaud sur le mélange de céréales et remuer avec une cuillère à table. Déposer de petites boules du mélange sur une plaque à cuisson tapissée de papier parchemin. Laisser durcir et conserver au frais.

Variante : remplacer le chocolat noir par du chocolat au lait ou tout simplement faire un moitié-moitié. C'est croustillant et fondant!

Roses des sables au chocolat noir

15 min

1 t. ou 150 g de chocolat à
   cuisson noir 70 % cacao,
   haché

Zeste de ½ orange, râpé
4 t. de céréales Corn Flakes

PRÉPARATION : Faire fondre le chocolat au bain-marie en y
incorporant le zeste d'orange. Dans un bol, déposer les céréales.
Ajouter le chocolat fondu dans les céréales et remuer. Déposer
2 cuillères à soupe de ce mélange à la fois sur un papier parchemin pour former de petites boules qui auront l'apparence de
vraies roses des sables du désert.

*Parfait pour amuser les tous petits, un bon début pour
leur apprendre à mettre la main à la pâte. Une cuillère
à thé d'eau de fleur d'oranger peut remplacer le zeste
d'orange.*

Sabayon poires et chocolat

20 min

4 jaunes d'œufs
1/3 t. de sucre
1/3 t. de jus de pomme
3 poires au sirop, en fines
   lamelles

½ t. ou 75 g de chocolat à
   cuisson noir 70 % cacao
   haché

PRÉPARATION : Dans un bol en verre ou en métal, déposer les
jaunes d'œufs et le sucre. Battre énergiquement avec un fouet
jusqu'à l'obtention d'une préparation homogène et blanchâtre.
Déposer ce bol dans un bain-marie et monter le sabayon au fouet
en versant peu à peu le jus de pomme dans la préparation.
Conserver au bain-marie. Déposer les lamelles de poires au
fond de coupes à dessert. Faire fondre le chocolat au bain-marie.
Verser dans les coupes sur les poires. Terminer en plaçant le
sabayon sur le dessus des coupes.

*Pour un résultat aérien et moelleux, servir le sabayon
aussitôt prêt. Variante : déposer une boule de crème
glacée à la vanille entre le chocolat et le sabayon.
Le résultat est tout simplement renversant!*

Sauce au chocolat

10 min

¾ t. de lait
¼ t. de sucre
¼ t. de beurre
¼ t. de crème à cuisson 35 %

1 t. ou 175 g de chocolat à
   cuisson noir 70 % cacao,
   haché

PRÉPARATION : Dans une casserole, porter le lait et le sucre à ébullition. Incorporer le beurre, la crème et le chocolat. Remuer continuellement avec une spatule de bois. Servir la sauce chaude ou refroidie.

Cette sauce accompagnera à merveille de nombreux desserts à base de fruits.

Sorbet cacao

1 t. de sucre
1 c. à soupe de miel
2 t. d'eau
½ t. de cacao amer en poudre

1 t. ou 150 g de chocolat à cuisson noir 70 % cacao, haché

20 min

PRÉPARATION : Dans une casserole, faire fondre le sucre et le miel dans l'eau. Porter à ébullition et remuer en ajoutant le cacao et le chocolat. Laisser cuire à feu doux 5 minutes. Déposer au frais jusqu'à complet refroidissement. Déposer dans une sorbetière électrique. Turbiner jusqu'à l'obtention d'une préparation homogène et lisse.

Ce sorbet doit être consommé rapidement. Ne contenant ni œufs ni crème, il durcira assez facilement.

Soufflé au chocolat

6 œufs, jaunes et
 blancs séparés
1 pincée de sel
1 t. ou 150 g de chocolat à
 cuisson noir 70 % cacao,
 haché

½ t. de sucre
1 c. à soupe de farine
1/3 t. de cacao amer
 en poudre

30 min

PRÉPARATION : Monter les blancs en neige très fermes à l'aide d'un batteur à main avec une pincée de sel (voir la recette à la page 49). Dans un bol, déposer les jaunes d'œufs et le sucre. Battre énergiquement avec un fouet jusqu'à l'obtention d'une préparation homogène et blanchâtre. Faire fondre le chocolat au bain-marie et y incorporer les jaunes d'œufs et le sucre. Remuer avec une spatule. Utiliser un tamis et verser la farine et le cacao en pluie dans le mélange pour éviter la formation de grumeaux. Dans un bol, mélanger délicatement les blancs en neige avec la préparation d'œufs. Utiliser une spatule pour plier délicatement. Compléter avec le cacao. Déposer la préparation dans un grand ramequin préalablement beurré. Cuire au four 10 à 12 minutes à 200 °C / 400 °F.

Déguster le soufflé aussitôt sorti du four. Pour un peu plus de fantaisie, creuser le soufflé cuit pour y déposer une boule de crème glacée à la vanille.

Soupe au chocolat

8 jaunes d'œufs
1 ½ t. de sucre
4 t. de lait

2 t. ou 300 g de chocolat à cuisson noir 70 % cacao, haché

20 min

PRÉPARATION : Dans un bol, déposer les jaunes d'œufs et le sucre. Battre énergiquement avec un fouet jusqu'à l'obtention d'une pâte homogène et blanchâtre. Dans une casserole, porter le lait à ébullition et verser très chaud et en petit filets sur les œufs sucrés tout en remuant constamment. Une fois la préparation bien mélangée, déposer dans une casserole et cuire à feu doux. Remuer la préparation constamment à l'aide d'une spatule de bois. Faire fondre le chocolat au bain-marie et l'ajouter à la préparation. La soupe sera prête quand elle nappera la spatule. La retirer du feu et la filtrer à l'aide d'un tamis. Laisser reposer à température ambiante avant de placer au frais.

Chaude ou froide, cette soupe au chocolat alimentera les discussions les plus gourmandes à table. Elle est encore meilleure quand on ajoute en surface quelques brisures de sablés au beurre (voir la recette de pâte sablée à la page 66).

Sundae au chocolat

1 t. de sauce au chocolat
    (recette page 36)
1 à 2 boules de crème glacée
    à la vanille par coupe
⅓ t. d'amandes caramalisées
    (recette page 100)

Crème Chantilly
    (recette page 54)
2 c. à soupe de brisures
    de chocolat 70 % cacao
1 c. à thé de cacao amer
    en poudre

10 min

PRÉPARATION : Dans de grandes coupes à crème glacée, verser 1 c. à soupe de sauce au chocolat. Ajouter sur le dessus 1 à 2 boules de crème glacée. Recouvrir d'amandes et de crème Chantilly. Napper de sauce chocolat. Ajouter des brisures de chocolat et saupoudrer de cacao.

Bien sûr, ne pas oublier la traditionnelle cerise sur le sundae. Bon appétit!

Tarte au chocolat et praliné

1 ½ t. ou 225 g de chocolat à cuisson noir 70 % cacao, haché
½ t. de lait
1 t. de crème à cuisson 35 %

4 jaunes d'œufs
¼ t. de sucre
½ t. de praliné en pâte
1 fond de tarte de pâte brisée (recette page 65)

30 min

PRÉPARATION : Dans une casserole, faire fondre à feu doux le chocolat dans le lait et la crème en remuant. Dans un grand bol, déposer les jaunes d'œufs et le sucre. Battre énergiquement avec un fouet jusqu'à l'obtention d'une préparation homogène et blanchâtre. Incorporer le praliné dans le mélange d'œufs. Ajouter la préparation chocolatée. Tapisser un moule à tarte de pâte brisée. Cuire à blanc au four 10 minutes à 175 ºC / 350 ºF. Retirer du four. Verser la préparation sur la pâte à tarte. Cuire au four 20 minutes supplémentaires.

Déguster cette tarte froide.

Tartinade au chocolat blanc

1 t. ou 150 g de chocolat blanc, haché
⅓ t. de beurre
¾ t. de lait concentré

20 min

PRÉPARATION : Faire fondre le chocolat blanc et le beurre au bain-marie et remuer avec une spatule de bois. Dans une casserole, chauffer le lait concentré à feu doux puis ajouter à la préparation chocolatée. Mélanger et faire cuire à feu très doux 1 minute. Verser dans un pot à tartinade et conserver au frais.

Un vrai délice pour un démarrage matinal gourmand.

Terrine chocolat et framboise

2 t. ou 300 g de chocolat à cuisson noir 70 % cacao, haché
⅓ t. de beurre
2 t. de crème 35 %

4 feuilles de gélatine
1 c. à soupe d'eau-de-vie de Poire William
1 t. de framboises

35 min

PRÉPARATION : Faire fondre le chocolat et le beurre dans un bain-marie. Une fois la préparation bien fondue, ajouter la moitié de la crème. Remuer jusqu'à l'obtention d'une préparation bien lisse. Monter le restant de la crème en Chantilly (voir la recette à la page 54) à l'aide d'un fouet. Tremper les feuilles de gélatine dans un peu d'eau froide et les ajouter à la préparation choco-latée. Ajouter l'eau-de-vie. Dans un grand bol, mélanger le chocolat, les framboises et la crème Chantilly. Utiliser une spatule pour plier délicatement. Verser la préparation dans un plat à terrine. Conserver au frais 24 heures avant de déguster.

Les framboises peuvent être remplacées par du citron confit et un mélange de fruits rouges.

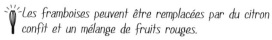
Truffes au chocolat

25 min

Ganache au chocolat (recette page 27)
½ t. ou 75 g de chocolat à cuisson noir 70 % cacao, haché
1 t. de cacao amer en poudre

PRÉPARATION : Avec la ganache, confectionner de petites boules de la taille d'une bille à jouer. Conserver au frais. Faire fondre le chocolat au bain-marie et le verser dans un petit bol. Placer le cacao dans un autre petit bol. À l'aide d'une fourchette de table, plonger une à une les petites boules de ganache dans le chocolat fondu, puis les enrober de cacao. Conserver au frais dans une boîte fermée hermétiquement.

Jouer avec les saveurs en ajoutant de l'alcool ou encore des brisures de noisettes au mélange.

La crème, les œufs et le beurre

Comme si vous étiez sur un nuage.
Des recettes qui vous feront découvrir
légèreté, volupté et sensualité.

La crème, les œufs et le beurre

NOTE : Lorsqu'il faut utiliser une gousse de vanille dans les préparations, procéder ainsi : couper la gousse de vanille dans le sens de la longueur, la vider de ses graines à l'aide d'un petit couteau et déposer le tout dans la préparation.

B

Bavarois au fruit de la passion

1 t. de pulpe ou purée de
    fruit de la passion
½ gousse de vanille ou
    1 c. à thé d'extrait de vanille

¼ t. de sucre
4 feuilles de gélatine
1 t. de crème 35 %

35 min

PRÉPARATION : Dans une casserole, porter la pulpe ou la purée de fruit de la passion à ébullition. Incorporer la vanille (voir note page 45) et le sucre. Laisser mijoter à feu doux de 3 à 5 minutes. Retirer la gousse de vanille si utilisée et mixer à l'aide d'un batteur à main. Tremper les feuilles de gélatine dans un peu d'eau froide puis les incorporer à la préparation de fruits en remuant à l'aide d'un fouet. Monter la crème en Chantilly (voir la recette à la page 54) et l'incorporer au mélange de fruits devenu à température ambiante. Utiliser une spatule pour plier délicatement. Faire refroidir la préparation au réfrigérateur puis verser dans des moules à gâteaux. Conserver les bavarois une demi-journée au frais avant de déguster.

Pour un accord réussi, accompagner les bavarois d'un coulis de framboises maison. C'est tout simplement divin!

Beignes du temps des fêtes

6 œufs, jaunes et
    blancs séparés
2 t. de sucre
1 t. de beurre, ramolli
6 t. de farine

¼ t. de poudre à pâte ou
    levure chimique
1 ½ t. de lait
1 c. à thé d'extrait de vanille
1 pincée de sel

45 min

PRÉPARATION : Dans un bol, déposer les jaunes d'œufs et le sucre. Battre énergiquement avec un fouet jusqu'à l'obtention d'une préparation homogène et blanchâtre. Ajouter le beurre. Remuer. Utiliser un tamis et verser la farine et la poudre à pâte en pluie dans la préparation pour éviter la formation de grumeaux. Mélanger soigneusement le tout au fouet. Ajouter le lait et la vanille, toujours en remuant. Dans un deuxième bol, monter les blancs en neige très fermes avec le sel (voir la recette à la page 49). Mélanger les deux préparations. Utiliser une spatule pour plier délicatement. Conserver au frais 2 heures. Abaisser la pâte. Découper les beignes à l'aide d'un emporte-pièce. Préparer un bain d'huile très chaude. Déposer quelques beignes à la fois dans l'huile. Laisser cuire jusqu'à coloration dorée. Retirer les beignes, les égoutter sur un papier absorbant. Saupoudrer de sucre nature ou parfumé.

Éviter de mettre une trop grande quantité de beignes à la fois dans l'huile pour éviter les débordements. S'éloigner du bain d'huile chaude pendant la cuisson pour éviter les éclaboussures. Les beignes peuvent être congelés. Je vous conseille cependant de ne pas les garder plus de 3 semaines au congélateur.

Beignets à la confiture de votre goût

3 jaunes d'œufs
1/3 t. de sucre
1 c. à soupe d'extrait de vanille
1 c. à soupe de rhum
5 t. de farine

1 c. à soupe de poudre à pâte ou levure chimique
1/2 t. de lait
1 c. à soupe de beurre
1/2 t. de confiture de votre choix

40 min

PRÉPARATION : Dans un bol, déposer les jaunes d'œufs et le sucre. Battre énergiquement avec un fouet jusqu'à l'obtention d'une préparation homogène et blanchâtre. Incorporer l'extrait de vanille et le rhum. Utiliser un tamis et verser la farine et la poudre en pâte en pluie dans la préparation pour éviter la formation de grumeaux. Bien remuer le tout. Dans une casserole, porter le lait et le beurre à ébullition. Verser dans la préparation de pâte. Remuer soigneusement. Laisser lever 1 heure à température ambiante. Prendre un morceau de pâte et l'aplatir avec la paume de la main. Déposer au centre 1 cuillère à thé de confiture. Refermer la pâte de manière à former une aumônière. Répéter l'opération jusqu'à épuisement de la pâte. Préparer un bain d'huile bien chaude. Déposer quelques aumônières à la fois dans l'huile. Laisser cuire jusqu'à coloration dorée. Retirer les aumônières, les égoutter sur un papier absorbant. Saupoudrer de sucre.

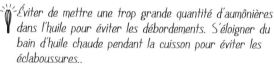

Éviter de mettre une trop grande quantité d'aumônières dans l'huile pour éviter les débordements. S'éloigner du bain d'huile chaude pendant la cuisson pour éviter les éclaboussures..

Beignets de bananes à la cannelle

3 bananes
1 c. à thé de cannelle
4 œufs, jaunes et blancs séparés
1/4 t. de sucre

1/4 t. de beurre, ramolli
1/2 t. de farine
1 pincée de poudre à pâte ou levure chimique
1 t. de lait

30 min

PRÉPARATION : Diviser chaque banane en 4 tronçons. Déposer dans un bol. Saupoudrer de cannelle. Conserver au frais. Dans un autre bol, déposer les jaunes d'œufs, le sucre et le beurre. Battre énergiquement avec un fouet jusqu'à l'obtention d'une préparation homogène et blanchâtre. Utiliser un tamis et verser la farine et la poudre en pâte en pluie dans le mélange d'œufs pour éviter la formation de grumeaux. Remuer. Verser le lait tout en continuant à remuer. Laisser reposer la préparation de 10 à 14 minutes. Entre-temps, monter les blancs d'œufs en neige bien fermes (voir la recette à la page 49). Mélanger les deux préparations. Utiliser une spatule pour plier délicatement. Préparer un bain d'huile bien chaude. Tremper les bananes dans la pâte à beignets. Plonger quelques tronçons à la fois dans l'huile. Laisser cuire jusqu'à coloration dorée. Retirer les beignets, les égoutter sur un papier absorbant. Saupoudrer de sucre parfumé à la cannelle.

De la crème glacée au rhum et aux raisins servie avec ces beignets chauds transporte automatiquement les convives vers une destination soleil.

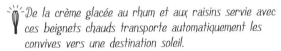

Beignets de semoule à la fleur d'oranger

35 min

4 t. de lait	2 c. à soupe d'eau de
1 t. de semoule très fine	fleur d'oranger
4 jaunes d'oeufs	2 œufs battus
½ t. de sucre	Semoule pour recouvrir
1 c. à soupe de beurre	les beignets

PRÉPARATION : Dans une casserole, porter le lait à ébullition. Ajouter la semoule et laisser cuire à feu doux 10 à 15 minutes en remuant de temps à autre. Dans un bol, déposer les jaunes d'œufs et le sucre. Battre énergiquement avec un fouet jusqu'à l'obtention d'une préparation homogène et blanchâtre. Incorporer le beurre et l'eau de fleur d'oranger. Remuer avec une spatule. Déposer dans une casserole et cuire à feu doux 20 à 25 minutes. Verser sur une plaque à rebords de 2,5 cm (1 po). Laisser reposer au frais 1 heure, Découper les formes souhaitées dans la pâte à l'aide d'un emporte-pièce. Tremper les beignets dans un mélange d'œufs battus. Déposer de la semoule dans un bol. Y tremper les beignets. Dans une poêle, faire fondre une noisette de beurre et cuire les beignets 1 minute de chaque côté. Déguster chaud.

Accompagner de marmelade d'orange (voir la recette à la page 107).

Blanc-manger au lait de coco

20 min

2 t. de lait	2 t. de lait de coco
½ t. de sucre	6 feuilles de gélatine
1 gousse de vanille ou	
1 c. à soupe d'extrait de vanille	

PRÉPARATION : Dans une casserole, porter le lait et le sucre à ébullition. Ajouter la vanille (voir note page 45) et le lait de coco. Laisser mijoter à feu doux 20 à 35 minutes. Retirer la gousse de vanille si utilisée. Tremper les feuilles de gélatine dans un peu d'eau froide et ajouter à la préparation lactée hors du feu. Mélanger avec un fouet. Verser dans des verres à martini. Laisser reposer au frais une demi-journée avant de déguster bien frais.

Pour poursuivre dans la fraîcheur de ce dessert, opter pour un smoothie à la mangue (voir la recette à la page 90).

Blancs en neige

10 min

¼ t. de blancs d'œufs
1 pincée de sel

PRÉPARATION : Verser les blancs d'œufs dans un bol avec une pincée de sel et battre les blancs d'œufs avec un batteur à main jusqu'à ce qu'ils soient bien fermes. Pour y parvenir, commencer à les battre à petite vitesse puis augmenter celle-ci au fur et à mesure que les blancs d'œufs prennent du volume.

Élément de base de nombreux desserts. Rien de plus facile à faire. Pour une île flottante, faire les blancs d'œufs dans un bain-marie ou encore au micro-ondes quelques instants ou tout simplement les pocher dans une casserole avec du lait chaud.

Cheesecake au citron

45 min

1 t. de lait
1 gousse de vanille
1 ½ t. de sucre
4 œufs
Jus de 1 citron

4 t. de fromage à la crème
Zeste de 2 citrons
Pâte sablée (recette page 66)
½ t. de crème 35 %

PRÉPARATION : Dans une casserole, porter le lait et la vanille (voir note page 45) à ébullition. Retirer du feu. Filtrer le lait. Utiliser un mélangeur sur socle. Dans la cuve, déposer le sucre, les œufs et le jus de citron. Mixer à vitesse maximale. Incorporer le fromage à la crème et le zeste de citron. Battre doucement en versant le lait filtré. Ajouter la crème et battre. Disposer un disque de pâte sablée dans un moule à gâteau et le cuire à blanc au four 10 à 15 minutes à 150 ºC / 300 ºF. Une fois la pâte cuite et refroidie, y verser la préparation de *cheesecake*. Cuire au four 30 minutes à 150 ºC / 300 ºF. Laisser refroidir avant de le démouler et de déguster.

Confectionner une gelée citron et limette (voir la recette
à la page 80) pour savourer pleinement ce beau dessert.

Churros

15 min

2 t. d'eau
2 t. de farine
2 t. de sucre

PRÉPARATION : Dans une casserole, porter l'eau à ébullition.
Dans un bol, déposer la farine. Une fois l'eau à ébullition, y verser
la farine en un seul coup. Bien remuer à l'aide d'une cuillère.
Mettre la pâte dans une poche à douille cannelée et confectionner
des beignets. Préparer un bain d'huile très chaude. Déposer
quelques churros à la fois dans l'huile. Laisser cuire jusqu'à
coloration dorée. Retirer les churros, les égoutter sur un papier
absorbant. Rouler dans le sucre. Déguster encore chauds.

La plus simple des recettes et pourtant combien savoureuse! Ceux qui connaissent ce beignet venu d'Espagne
le confirmeront! Comme en Espagne, il faut servir les
churros avec un chocolat chaud à l'ancienne (voir la
recette à la page 19) dans lequel on les trempe!

Clafoutis aux cerises

40 min

1 t. de lait
⅓ t. de beurre
1 gousse de vanille fraîche
ou 1 c. à soupe d'extrait
de vanille
¾ t. de sucre

1 t. de farine
6 œufs
2 t. de cerises rouges
fraîches ou au sirop

PRÉPARATION : Dans une casserole, porter le lait, le beurre et la
vanille (voir note page 45) à ébullition. Retirer du feu et enlever
la gousse de vanille si utilisée. Dans un bol, déposer le sucre,
la farine et les œufs. Battre énergiquement avec un fouet. Verser
le lait chaud dans la préparation. Remuer. Verser dans un plat à
gratin ou dans de petits ramequins. Répartir les cerises sur toute
la surface. Cuire au four 35 à 40 minutes à 175 ℃ / 350 ℉.
Laisser reposer à température ambiante. Consommer tiède
ou froid.

Les cerises peuvent être substituées par tout autre
fruit. C'est toujours aussi bon.

Confiture de lait

4 t. de lait
2 ½ t. de sucre
1 gousse de vanille ou 1 c. à soupe d'extrait de vanille

2 h 30 min

PRÉPARATION : Dans une casserole, porter à ébullition le lait, le sucre et la vanille (voir la note page 45) en remuant de temps à autre avec une spatule. Cuire à feu doux pendant plus de 2 heures en remuant toutes les 5 minutes. Une fois la texture épaissie, quand le mélange nappe le dos d'une cuillère, augmenter la puissance du feu et cuire jusqu'à l'obtention d'une couleur caramel. Remuer constamment afin que la confiture ne colle pas au fond de la casserole. Verser la confiture de lait dans des pots à confiture pour la conserver.

Attendre quelques jours avant de déguster pour pouvoir mieux savourer.

Crème anglaise

2 t. de lait
½ t. de sucre
1 gousse de vanille coupée ou 1 c. à soupe d'extrait de vanille
4 jaunes d'œufs

15 min

PRÉPARATION : Dans une casserole, porter le lait et la vanille (voir la note page 45) à ébullition. Retirer du feu et enlever la gousse de vanille si utilisée. Dans un bol, déposer les jaunes d'œufs et le sucre. Battre énergiquement avec un fouet jusqu'à l'obtention d'une préparation homogène et blanchâtre. Ajouter le lait chaud dans le bol et remuer. Remettre la préparation dans la casserole et cuire à feu doux en remuant continuellement à l'aide d'une spatule de bois. Attention : la crème ne doit jamais bouillir. Retirer du feu lorsque la préparation nappe la spatule. Laisser refroidir.

L'opération a échoué? Faire fondre de la crème glacée à la vanille, c'est un bon « joker »!

Crème au beurre

½ t. de sucre
6 c. à soupe d'eau
2 jaunes d'œufs
1 œuf

1 t. de beurre, ramolli
  en morceaux
1 c. à thé d'extrait de vanille

30 min

PRÉPARATION : Dans une casserole, porter le sucre et l'eau à ébullition. Dans un bol, déposer les jaunes d'œufs et l'œuf entier.

À l'aide d'un batteur à main, mixer à grande vitesse. Incorporer l'eau sucrée dans le mélange d'œufs. Ajouter le beurre quelques morceaux à la fois tout en battant. Compléter avec la vanille avant que la crème au beurre soit bien homogène.

—Merveilleuse pour napper les gâteaux. Pourquoi ne pas la parfumer avec du chocolat, du café, des pistaches ou encore du cognac?

Crème au mascarpone

½ t. de crème 15 %   2 c. à soupe de Grand Marnier
2 t. de fromage mascarpone   1 c. à café d'extrait de vanille
1 c. à soupe de sucre

15 min

PRÉPARATION : Dans un bol, déposer la crème et le mascarpone. Battre le tout à l'aide d'un fouet jusqu'à l'obtention d'une préparation bien homogène. Y incorporer le sucre, le Grand Marnier et l'extrait de vanille. Remuer. Conserver au froid jusqu'au moment de déguster.

—Un vrai délice avec une salade de petits fruits rouges ou pourquoi pas avec un tiramisu de dernière minute?

Crème brûlée à la lavande

½ t. de lait   2 c. à soupe de lavande
2 t. de crème à cuisson 35 %   sèche à infusion
¾ t. de sucre   3 c. à soupe de cassonade
5 jaunes d'œufs

45 min

PRÉPARATION : Dans une casserole, porter le lait, la crème et la moitié du sucre à ébullition. Retirer la casserole du feu et ajouter la lavande pour infusion. Dans un bol, déposer les jaunes d'œufs et le restant de sucre. Battre énergiquement avec un fouet jusqu'à l'obtention d'une préparation homogène et blanchâtre. Verser la préparation lactée dans le mélange d'œufs en utilisant un tamis afin d'éliminer les graines de lavande. Remuer énergiquement la préparation. Verser dans des petits ramequins. Cuire au four environ 30 minutes à 150 °C / 300 °F. Laisser tiédir puis déposer au frais quelques heures. Au moment de servir, saupoudrer les crèmes de cassonade et caraméliser avec un chalumeau de cuisine.

—La lavande peut être remplacée par une gousse de vanille fraîche. Plus classique, mais très savoureuse également...

Crème brûlée à la vanille « sans cuisson au four ».

6 jaunes d'œufs
½ t. de sucre semoule
2 t. de crème à cuisson 35 %

½ gousse de vanille ou
  1 c. à thé d'extrait de vanille
3 c. à soupe de cassonade

15 min

PRÉPARATION : Dans un bol, déposer les jaunes d'œufs et la moitié du sucre. Fouetter légèrement. Ne pas faire trop blanchir. Dans une casserole, porter la crème, le sucre restant et la vanille (voir note page 45) à ébullition. Verser la crème (retirer la gousse de vanille si utilisée) sur le mélange d'œufs et remuer avec une spatule. Remettre à cuire dans une casserole à feu doux 6 à 8 minutes. À l'aide d'un batteur à main, mixer directement dans la casserole. Verser la crème dans des petits ramequins et laisser reposer au frais au moins 2 heures. Au moment de servir, saupoudrer les crèmes de cassonade ou autre sucre semoule et caraméliser avec un chalumeau de cuisine.

Déposer une gousse de vanille dans un pot de sucre fermé hermétiquement. Elle le parfumera à merveille! Avec les 5 blancs d'œufs restants, pourquoi ne pas confectionner des îles flottantes? (voir la recette à la page 58)

Crème caramel

1 caramel à croquer
  (recette page 101)
4 t. de lait

1 gousse de vanille
8 œufs
1 t. de sucre

45 min

PRÉPARATION : Confectionner le caramel solide et le diviser dans de petits ramequins. Dans une casserole, porter le lait et la vanille (voir note page 45) à ébullition. Dans un bol, déposer les œufs et le sucre. Battre énergiquement avec un fouet jusqu'à l'obtention d'une préparation homogène et blanchâtre. Verser le lait chaud sur les œufs et retirer la gousse de vanille si utilisée. Remuer bien et verser dans des petits ramequins jusqu'aux trois quarts. Cuire au four au bain-marie environ 30 minutes à 200 °C / 400 °F. Déposer au frais quelques heures avant de déguster.

On peut ajouter quelques zestes de citron fraîchement râpés sur le dessus de la crème, c'est très rafraîchissant.

C

Crème caramélisée aux écorces d'agrumes, bâtons de cannelle et anis étoilé

🕐
40 min

🔥

2 t. de lait
¼ t. de sucre
Zeste de ¼ d'orange
Zeste de ¼ de citron
2 bâtons de cannelle

2 anis étoilés
3 jaunes d'œufs
2 c. à soupe de farine
3 c. à soupe de cassonade

PRÉPARATION : Dans une casserole, porter le lait et la moitié du sucre à ébullition. Ajouter les zestes d'agrumes, les bâtons de cannelle et l'anis étoilé. Reporter à ébullition. Dans un bol, déposer le sucre restant et les jaunes d'œufs. Battre énergiquement avec un fouet jusqu'à l'obtention d'un préparation homogène et blanchâtre. Ajouter la farine et remuer jusqu'à l'obtention d'une préparation homogène et blanchâtre. Verser la préparation lactée dans le mélange d'œufs en utilisant un tamis. Remuer. Remettre dans une casserole et cuire à feu doux. Remuer constamment avec une spatule de bois jusqu'à ce que la préparation épaississe. Verser dans des petits ramequins. Laisser reposer au frais quelques heures. Au moment de servir, saupoudrer les crèmes de cassonade et caraméliser avec un chalumeau de cuisine.

Cette recette respire le soleil par son nom d'origine : crème catalane. Splendide lorsque accompagnée d'une salade d'agrumes au basilic frais (voir la recette à la page 89).

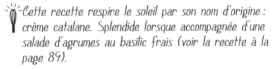

Crème Chantilly

🕐
15 min

❄️

2 t. de crème 35 %
⅓ t. de sucre à glacer
1 c. à thé d'extrait de vanille

PRÉPARATION : Déposer la crème 30 minutes au congélateur avant de l'utiliser. Dans un bol, verser la crème bien froide et la monter énergiquement à l'aide d'un batteur à main. Une fois montée au trois quarts en texture, ajouter le sucre à glacer et l'extrait de vanille. Continuer à battre. Conserver au frais. Attention, une bonne Chantilly ne se monte pas trop longtemps à l'avance.

Oui, le secret d'une crème Chantilly réussie est de déposer la crème au congélateur pour qu'elle soit bien froide... Aussi légère qu'un nuage, elle habillera vos nombreuses pâtisseries, Irrésistible sur les fraises, à frémir en accord avec du chocolat fondu!

Crème de tapioca

1 t. de lait
¼ t. de sucre
1/3 t. de tapioca

1 gousse de vanille ou
   1 c. à soupe d'extrait
   de vanille

15 min

PRÉPARATION : Dans une casserole, porter le lait et le sucre et
à ébullition. Incorporer le tapioca et la vanille (voir note page 45)
puis laisser mijoter 10 minutes en remuant avec une cuillère
de bois. Retirer la gousse de vanille si utilisée. Verser dans des
coupes à dessert ou des ramequins. Ce succulent dessert peut se
déguster chaud.

*Parfumer avec quelques zestes de citron ou de limette,
c'est vraiment savoureux.*

Crème dessert crémeuse

2 t. de lait
1/3 t. de crème à cuisson 15 %
½ t. de sucre

2 c. à soupe d'extrait de vanille
½ t. de fécule de maïs

25 min

PRÉPARATION : Dans une casserole, porter le lait, la crème et
le sucre à ébullition. Ajouter l'extrait de vanille. Dans un bol,
déposer la fécule de maïs. Verser la préparation lactée bien
chaude sur la fécule. Remuer continuellement avec un fouet.
Remettre dans une casserole et cuire 2 à 3 minutes à feu doux
en remuant. Verser la préparation dans des petites coupes.
Conserver quelques heures au frais avant de déguster.

Une belle crème dessert à déguster comme un yogourt.

Crème mousseline

1 t. de crème pâtissière
   (recette page 56)
2 c. à soupe de kirsch
3 c. à soupe d'extrait de vanille

1 t. de crème anglaise
   (recette page 51)
1 t. de crème Chantilly
   (recette page 54)

35 min

PRÉPARATION : Dans un grand bol, déposer la crème pâtissière.
Y verser le kirsch et l'extrait de vanille. Battre le tout énergiquement avec un fouet. Incorporer la crème anglaise peu à peu dans
le mélange et remuer jusqu'à l'obtention d'une préparation lisse
et homogène. Terminer avec la crème Chantilly. Utiliser une
spatule pour plier délicatement. Conserver au frais jusqu'au
moment de déguster.

*Cette crème sera merveilleuse pour farcir les gâteaux.
L'essayer c'est l'adopter. Confectionner des aumônières
de crêpes (voir la recette à la page 65) avec la mous-
seline et accompagner de beaux fruits de saison.*

C-F

Crème pâtissière

1 t. de farine, tamisée
8 jaunes d'œufs
1 t. de sucre

2 t. de lait
2 c. à soupe d'extrait de vanille

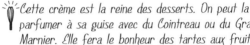

30 min

PRÉPARATION : Dans un bol, déposer la farine, les jaunes d'œufs et le sucre. Battre énergiquement avec un fouet. Dans une casserole, porter le lait et la vanille à ébullition. Verser en petits filets dans le premier mélange. Mélanger jusqu'à l'obtention d'une préparation lisse et homogène. Mettre le tout dans une casserole et porter à ébullition en remuant constamment avec un fouet. Quand la crème commence à bouillir, compter 2 minutes puis retirer du feu et verser sur une plaque à rebords. Déposer immédiatement au réfrigérateur. Laisser refroidir avant de déguster.

Cette crème est la reine des desserts. On peut la parfumer à sa guise avec du Cointreau ou du Grand Marnier. Elle fera le bonheur des tartes aux fruits, des choux à la crème et du millefeuille!

Crème renversée

50 min

1 ⅓ t. d'eau
⅓ t. de sucre
6 œufs

4 t. de lait
1 c. à soupe d'extrait de vanille

PRÉPARATION : Dans une casserole, cuire ⅓ t. d'eau et le sucre à feu vif. Attendre que la préparation prenne la couleur d'un beau caramel blond et verser dans des petits pots à crème allant au four. Conserver à température ambiante pour faire durcir le caramel. Dans un bol, déposer les œufs et le restant du sucre. Battre énergiquement avec un fouet jusqu'à l'obtention d'une préparation homogène et blanchâtre. Ajouter le lait et l'extrait de vanille. Verser sur le caramel dans les ramequins. Remplir chacun aux trois quarts. Cuire au four dans un bain-marie environ 40 minutes à 175 °C / 350 °F. Déposer au frais quelques heures avant de démouler les crèmes et de les déguster.

Comme son nom l'indique, cette crème renversera tout le monde par sa simplicité et sa saveur.

Flan aux oeufs

40 min

4 t. de lait
1 t. de sucre
Zeste de ½ orange
8 œufs

PRÉPARATION : Dans une casserole, porter le lait, le sucre et le zeste d'orange à ébullition. Dans un bol, déposer les œufs entiers et battre énergiquement avec un fouet. Verser le mélange lacté bien chaud sur les œufs et remuer. Verser dans de petits ramequins. Cuire au four dans un bain-marie 25 minutes à 200 °C / 400 °F. Déposer au frais quelques heures avant de déguster.

Pour une double saveur, verser sur un fond de caramel dans les ramequins avant de cuire.

Gâteau au yogourt

4 œufs	¼ t. d'huile de canola
1 t. de sucre	1 t. de farine
Zeste de 1 orange	1 c. à thé de poudre à pâte
1 t. de yogourt nature	ou de levure chimique

25 min

PRÉPARATION : Dans un bol, déposer les œufs et le sucre. Battre énergiquement à l'aide d'un fouet jusqu'à l'obtention d'une préparation homogène et blanchâtre. Incorporer le zeste d'orange. Ajouter le yogourt nature et l'huile puis remuer. Utiliser un tamis et verser la farine et la poudre à pâte en pluie dans la préparation pour éviter la formation de grumeaux. Brasser jusqu'à l'obtention d'une préparation lisse et homogène. Verser dans un moule à gâteau. Cuire au four 25 à 30 minutes à 175 °C / 350 °F. À déguster tout chaud sorti du four ou froid.

Vite fait, ce gâteau saura satisfaire la gourmandise nature. On peut aussi ajouter à la pâte des bleuets, du miel, etc.

Gâteau éponge aux œufs

1 t. de sucre
6 œufs, jaunes et blancs séparés.
2 t. de farine

30 min

PRÉPARATION : Dans un bol, déposer le sucre et les jaunes d'œufs. Battre énergiquement à l'aide d'un fouet jusqu'à l'obtention d'un mélange homogène et blanchâtre. Monter les blancs en neige bien fermes (voir la recette à la page 49). Mélanger les deux préparations. Utiliser une spatule pour plier délicatement. Verser dans un plat à gâteau préalablement beurré. Cuire au four 20 minutes à 175 °C /350 °F. Laisser refroidir avant de couper en portions.

Voici une belle et très simple base de biscuit génoise. Pour le reste, un peu d'imagination et le tour sera joué!

Île flottante

Crème anglaise (recette page 51)
Blancs en neige (recette page 49)

PRÉPARATION : Remplir des coupes à dessert de crème anglaise. À l'aide d'une cuillère, déposer des blancs en neige sur la crème. 45 min Servir.

> *De nombreuses options sont possibles, par exemple du caramel chaud croustillant ou un caramel liquide (voir la recette à la page 102) servi sur le dessus. Il y a les amandes grillées, les éclats de praline, la sauce au café. Voilà plusieurs raisons d'essayer l'île à toutes les sauces !*

Lait d'amande

1 t. d'eau
½ t. de sucre
2 t. de poudre d'amandes

1 c. à soupe d'eau-de-vie
1 goutte d'essence d'amandes
amères

15 min

PRÉPARATION : Dans une casserole, porter l'eau et le sucre à ébullition. Ajouter la poudre d'amandes et remettre un bref instant en cuisson. Mixer le tout à l'aide d'un batteur à main. Filtrer la préparation à l'aide d'un tamis. Terminer avec l'eau-de-vie et l'essence d'amandes amères afin de lier le parfum. Conserver au frais avant de déguster.

> *Succulente comme sauce d'accompagnement pour un clafoutis et bien d'autres gâteaux à base de fruits.*

Lait de poule

2 œufs
¼ t. de sucre
1 t. de lait

1 pincée de cannelle
1 c. à soupe d'extrait de vanille

10 min

PRÉPARATION : Dans un bol, déposer les œufs et le sucre. Mélanger à l'aide d'un batteur à main. Verser le lait. Faire mousser la préparation en y ajoutant la cannelle et la vanille. Verser le lait de poule dans un grand verre et conserver au frigo. Déguster très frais.

> *Pour un lait de poule plus riche et plus onctueux, remplacer le lait par de la crème 15 % et ajouter ¼ de tasse de rhum ou du brandy.*

Lait frappé à l'érable

2 t. de lait
½ t. de yaourt nature
3 boules de crème glacée à la vanille
⅓ t. de sirop d'érable

10 min

PRÉPARATION : Dans un bol, déposer tous les ingrédients.
Mélanger à l'aide d'un batteur à main. Verser la préparation
dans un grand verre avec une paille. Déguster très frais.

*Pour accentuer la saveur d'érable, tremper le haut du
verre dans un peu d'eau puis plonger celui-ci dans une
assiette contenant du sucre d'érable. Le haut du verre
sera ainsi cristallisé à l'érable.*

Madeleines minute

2 t. de farine   Zeste de 1 citron
1 c. à thé de poudre à pâte   2 œufs
   ou levure chimique   ½ t. de sucre
½ t. de beurre   1 t. de lait

35 min

PRÉPARATION : Dans un bol, mélanger la farine et la poudre à
pâte. Dans une casserole, faire fondre le beurre avec le zeste de
citron. Dans un autre bol, déposer les œufs et le sucre. Battre
énergiquement avec un fouet jusqu'à l'obtention d'une préparation homogène et blanchâtre. Verser la préparation d'œufs
dans la farine. Y incorporer le beurre citronné. Remuer jusqu'à
l'obtention d'une pâte homogène. Verser dans des petits moules
à madeleines destinés à la cuisson au four. Cuire au four 10 minutes à 200 °C / 400 °F.

*Sans hésitation, les savourer dès la sortie du four!
Les madeleines peuvent être parfumées avec du miel,
de la bergamote, de l'anis, etc.*

Meringue française

6 blancs d'œufs
1 t. de sucre
1 t. de sucre à glacer

15 min

PRÉPARATION : Dans un bol, déposer les blancs d'œufs. Les faire
monter à l'aide d'un batteur à main en y incorporant la moitié du
sucre et du sucre à glacer. Monter le tout à vitesse moyenne puis
rajouter le reste des sucres quand les blancs ont doublé de
volume. Fouetter à vitesse maximale pour monter les œufs en

meringue. À l'aide d'une poche, avec ou sans douille, déposer de petites coques de meringue sur une plaque recouverte de papier parchemin. Cuire au four au moins 2 heures à 90 °C / 175 °F.

Explorer les mille et une saveurs avec quelques gouttes d'essences de fruits, de café, de chocolat...

Meringue italienne

1 ½ t. de sucre
10 c. à soupe d'eau
6 blancs d'œufs

15 min

PRÉPARATION : Dans une casserole, porter le sucre et l'eau à ébullition pour former un sirop sans coloration. Dans un bol, déposer les blancs d'œufs. Les monter à l'aide d'un batteur à main à grande vitesse. Une fois les œufs montés, incorporer le sirop en petits filets, toujours en fouettant. Déposer la meringue bien montée et épaisse dans une poche à pâtisserie pour recouvrir les gâteaux ou autre préparation comme la tarte au citron meringuée (voir la recette à la page 94), l'omelette norvégienne ou les petits fours.

Afin d'obtenir une cuisson parfaite du sucre et de l'eau, se munir si possible d'un thermomètre à sucre pour arriver à une température de 130 °C / 265 °f appelé, en pâtisserie, le « grand boulé ». Attention : ne pas utiliser un autre type de thermomètre que celui à sucre.

Miroir au fromage à la crème

15 min

½ t. de beurre   Jus de 1 citron
3 t. de sucre à glacer   Zeste de 1 citron
1 t. de fromage à la crème

PRÉPARATION : Déposer dans la cuve d'un batteur sur socle, le beurre et la moitié du sucre à glacer. Battre le tout à vitesse moyenne. Une fois la préparation homogène, ajouter le fromage à la crème et continuer de mélanger à grande vitesse tout en ajoutant le restant du sucre à glacer, le jus et le zeste de citron. La préparation est prête lorsqu'elle est homogène.

Une belle combinaison pour le glaçage de gâteaux aux fruits. Conserver à température ambiante afin de pouvoir l'étaler facilement.

Mont-Blanc à la noix de coco

1 t. de lait de coco
1 t. de lait concentré
1 t. de crème Chantilly
   (recette page 54)

⅓ t. de sucre à glacer
¼ t. de sucre
2 jaunes d'œufs
3 c. à soupe de rhum

30 min

PRÉPARATION : Dans une casserole, porter le lait de coco à ébullition. Y incorporer le lait concentré puis laisser mijoter à feu doux 10 à 15 minutes. Dans un bol, déposer le sucre et les jaunes d'œufs. Battre énergiquement à l'aide d'un fouet jusqu'à l'obtention d'une préparation homogène et blanchâtre. Verser le mélange d'œufs dans la préparation lactée. Remuer. Laisser reposer au froid. Une fois la préparation refroidie, y incorporer la crème Chantilly. Utiliser une spatule pour plier délicatement. Incorporer le rhum à la toute fin. Conserver aux frais quelques heures avant de déguster.

Pour profiter pleinement de cette préparation, monter la crème en étages avec un gâteau éponge aux œufs (voir la recette à la page 57) et à la toute fin, recouvrir de noix de coco.

Mousse au lait concentré

2 h

1 boîte de lait concentré de 250 ml ou 5 oz
2 œufs, jaunes et blancs séparés
1 c. à thé d'extrait de vanille
1 pincée de sel

PRÉPARATION : Remplir aux trois quarts une casserole d'eau et y déposer la boîte de conserve de lait concentré sans l'ouvrir. Cuire à feu moyen pendant 2 heures. Ajouter régulièrement de l'eau dans la casserole pour remplacer celle qui s'évapore. Retirer du feu, ouvrir la conserve et verser son contenu dans un bol. Ajouter l'extrait de vanille et les jaunes d'œufs. Remuer. Incorporer les blancs d'œufs préalablement montés en neige bien fermes avec une pincée de sel (voir la recette à la page 49). Utiliser une spatule et plier délicatement la préparation. Verser dans des coupes à dessert. Réfrigérer quelques heures avant de déguster.

Voici une succulente confiture de lait à tartiner. On peut ouvrir la boîte de conserve en fin de cuisson et réserver le lait confit dans un petit pot. Un véritable régal!

Mousse de mascarpone au citron

35 min

⅓ t. de sucre
4 œufs, jaunes et blancs séparés
Jus et zeste de 1 citron
1 t. de fromage mascarpone

PRÉPARATION : Dans un bol, déposer le sucre et les jaunes d'œufs. Battre énergiquement à l'aide d'un fouet jusqu'à l'obtention d'une préparation homogène et blanchâtre. Y ajouter le jus et le zeste de citron. Verser le mascarpone et remuer le tout. Monter les blancs d'œufs en neige fermes (voir la recette à la page 49). Verser les œufs en neige dans la première préparation. Utiliser une spatule pour plier délicatement. Conserver au frais jusqu'au moment de déguster.

Très simple et un vrai délice. Il ne vous reste qu'à verser cette mousse dans des coupes et à y ajouter une belle cuillérée de fruits rouges sur le dessus.

Œufs au lait au sucre vanillé

40 min

6 œufs
4 t. de lait

1 t. de sucre
2 c. à soupe de sucre vanillé

PRÉPARATION : Dans un bol, déposer les œufs. Battre énergiquement avec un fouet. Dans une casserole, porter le lait et le sucre à ébullition. Ajouter le sucre vanillé. Remuer. Ajouter le lait vanillé au mélange d'œufs et mélanger à l'aide d'un fouet. Verser dans un moule à gâteau. Cuire au four 3 minutes à 150 ºC / 300 ºF. Conserver au frais et démouler au moment de déguster.

Utiliser un moule à charlotte. Ce dessert simple et rapide à réaliser fera sensation.

Œufs pochés au sirop d'érable

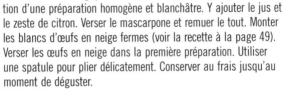

10 min

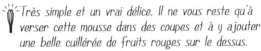

2 t. de sirop d'érable
6 œufs

PRÉPARATION : Dans une casserole, porter le sirop d'érable à ébullition. Casser et déposer les œufs entiers dans la casserole. À l'aide d'une fourchette, remuer assez énergiquement afin d'accélérer la cuisson. Les œufs formeront des petits filaments une fois cuits dans le sirop. Verser dans des petites coupes avec un peu de sirop d'érable.

Un dessert ultra-rapide à faire avec les tout-petits. Une crème glacée à la vanille placée sur les œufs fera un bon et beau chaud-froid.

Omelette soufflée sucrée

6 œufs, jaunes et
blancs séparés
¼ t. de Cointreau
Zeste de 1 citron
1 t. de sucre à glacer

2 c. à soupe de beurre
½ t. de mandarines ou
de clémentines en
sirop (facultatif)
1 pincée de sel

⏱ 25 min

🔥

PRÉPARATION : Monter les blancs d'œufs en neige très fermes avec une pincée de sel (voir la recette à la page 49). Dans un bol, déposer les jaunes d'œufs, le Cointreau et le zeste de citron. Mélanger. Ajouter le sucre à glacer puis les blancs en neige. Utiliser une spatule pour plier délicatement. Dans une poêle pouvant aller au four, faire fondre une noix de beurre et verser la préparation de l'omelette. Déposer les fruits au sirop sur le dessus. Cuire au four 5 à 10 minutes à 175 °C / 350 °F. Une fois sortie du four, plier l'omelette en 2 parties et saupoudrer de sucre à glacer.

Une belle solution de rechange pour les amoureux des soufflés, excellent avec un coulis de fruits.

Omelette sucrée rhum et raisins

6 œufs
⅓ t. de sucre

¼ t. de raisins de Corinthe
séchés
⅓ t. de rhum

⏱ 10 min

🔥

PRÉPARATION : Dans un bol, déposer les œufs et le sucre. Battre énergiquement avec un fouet jusqu'à l'obtention d'une préparation homogène et blanchâtre. Ajouter les raisins séchés et le rhum. Dans une poêle, faire cuire l'omelette sucrée avec une noix de beurre. Déguster chaud.

Un délice pour les matins gourmands. Amateurs de rhum : n'hésitez pas faire flamber l'omelette dans la poêle en fin de cuisson.

Pain perdu

1 t. de lait
½ t. de sucre
1 c. à thé de cannelle moulue
ou 1 bâton de cannelle

1 c. à thé d'essence de vanille
1 c. à soupe de brandy
Pain de mie ou brioche
tranchée

⏱ 30 min

🔥

PRÉPARATION : Dans une casserole, porter le lait et le sucre à ébullition. Une fois chaud, y incorporer la cannelle, la vanille et le brandy. Tremper rapidement les tranches de pain de mie ou de brioche dans la préparation et les faire cuire dans une poêle avec une généreuse portion de beurre. Cuire à coloration des deux cotés et les saupoudrer de sucre à glacer ou de sucre cannelle.

À essayer avec une sauce au caramel au beurre (voir la recette à la page 113).

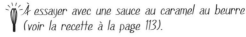

Panacotta à la gousse de vanille fraîche, compotée de rhubarbe et son sirop de basilic frais citronné

40 min

2 t. de lait
2 t. de crème 35 %
1 gousse de vanille
6 feuilles de gélatine

Compotée de rhubarbe et
   pommes (recette page 77)
Sirop de basilic frais
   citronné (recette page 89)

PRÉPARATION : Dans une casserole, verser le lait, la crème et la vanille (voir note page 45) et cuire à feu doux. À ébullition, arrêter la cuisson. Retirer la gousse de vanille. Plonger les feuilles de gélatine dans un peu d'eau froide. Les ajouter dans la casserole hors du feu. Brasser énergiquement avec un fouet. Dans des verres à martini, déposer une cuillère à soupe de compotée de rhubarbe. Verser la préparation sur la compotée. Laisser gélifier. Ajouter en surface le sirop de basilic frais citronné.

Voilà une recette la base d'un très onctueux panacotta. Utiliser son imagination, sa fantaisie pour jouer avec les saveurs.

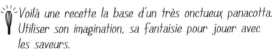

Parfait glacé à la banane

15 min

Jus de ½ citron
6 bananes

2 t. de crème 35 %
1 t. de sucre à glacer

PRÉPARATION : Dans un bol, déposer le jus de citron et les bananes. Brasser à l'aide d'un batteur à main jusqu'à l'obtention d'une purée. Dans un autre bol, monter la crème en Chantilly (voir la recette à la page 54) à l'aide d'un batteur à main. Mélanger à la préparation de bananes. Utiliser une spatule pour plier délicatement. Ajouter le sucre à glacer. Une fois le mélange bien homogène, verser dans des petits récipients facilement démoulables. Déposer au congélateur quelques heures. Démouler et déguster les parfaits glacés quand ils auront pris une texture très épaisse.

Pour un peu de fantaisie : mettre du chocolat fondu dans le fond d'assiettes, déposer le parfait sur le choco- lat. Ajouter quelques rondelles de bananes fraîches sur le dessus et saupoudrer de noix de coco râpée.

Pâte à crêpes

1 ½ t. de farine
1 pincée de sel
1 c. à soupe de beurre fondu
2 c. à soupe de Grand Marnier

Zeste de ½ orange
Zeste de ½ citron
4 œufs
2 t. de lait

PRÉPARATION : Dans un bol, déposer la farine et la pincée de sel.
Dans une casserole, faire fondre le beurre avec le Grand Marnier.
Ajouter les zestes d'agrumes. Incorporer les œufs dans la farine et
brasser à l'aide d'un fouet en ajoutant le lait et le beurre jusqu'à
l'obtention d'une pâte homogène. Au besoin, utiliser une passoire
pour en retirer les grumeaux. Laisser reposer la pâte au moins
1 heure avant de la faire cuire.

20 min

*Un caramel Suzette sur les crêpes, peut-être?
(voir la recette à la page 102).*

(voir la recette à la page 102).

Pâte à crumble

1 t. de beurre
1 ½ t. de poudre d'amandes
1 t. de sucre

2 t. de farine
1 pincée de sel

45 min

PRÉPARATION : Dans un bol, déposer tous les ingrédients et
malaxer avec les doigts. Laisser reposer la pâte 30 minutes au
frais. Effriter la pâte refroidie sur une plaque à cuisson. Cuire au
four 20 à 30 minutes à 150 °C / 300 °F.

*Un croquant sous la dent, un goût fondant de beurre
au palais, les crumbles sont les parfaits desserts quatre
saisons avec fruits et crèmes glacées.*

Pâte brisée

2 t. de farine
½ t. de beurre, ramolli
1 pincée de sel

1 jaune d'œuf
2 c. à soupe de sucre
Quelques gouttes d'eau

20 min

PRÉPARATION : Dans un bol, déposer la farine, le beurre, et la
pincée de sel. Malaxer la préparation avec les doigts jusqu'à
l'obtention d'une pâte homogène. Incorporer le jaune d'œuf et le
sucre. Au besoin, ajouter quelques gouttes d'eau pour faciliter le
malaxage. Déposer un linge humide sur le bol et laisser reposer
1 heure avant utilisation.

Une pâte express pour tartes réussies.

P-S

Pâte sablée

2 t. de farine
½ t. de sucre à glacer
1 pincée de sel

¾ t. de beurre
2 jaunes d'œufs
2 c. à soupe d'eau

25 min

PRÉPARATION : Dans un bol, déposer la farine, le sucre à glacer et le sel. Couper le beurre en petits morceaux et l'additionner en utilisant les doigts. Ajouter les jaunes d'œufs et l'eau pour obtenir une pâte lisse. La travailler un court instant avec les mains et former une boule de pâte. Déposer un linge humide sur la pâte. Conserver au frais 30 minutes. Fariner le plan de travail et étaler la pâte à l'aide d'un rouleau à pâtisserie. Déposer un rond de pâte dans un plat à tarte. Cuire à blanc au four 10 à 15 minutes à 200 ºF / 400 ºF.

Une fois la base de la tarte précuite, pourquoi ne pas s'amuser à confectionner les tartes les plus gourmandes qui soient...

Pâte sucrée

2 t. de farine
½ t. de sucre
½ t. de beurre

2 œufs
1 pincée de sel

20 min

PRÉPARATION : Dans un bol, déposer la farine, le sucre et le beurre et malaxer avec les doigts. Incorporer les œufs un à la fois et le sel en continuant à pétrir avec les doigts jusqu'à l'obtention d'une pâte homogène. Conserver au frais au moins 1 heure avant utilisation.

Une pâte très facile à réaliser pour tous styles de tourte et à garnir selon l'envie du moment.

Sabayon à la liqueur

3 c. à soupe d'eau
2 c. à soupe de sucre

5 jaunes d'œufs
3 c. à soupe de liqueur, au choix

15 min

PRÉPARATION : Remplir une casserole à moitié d'eau et la porter à ébullition. Déposer un bol en verre ou en métal à fond rond sur cette casserole. Une fois le fond du chaudron chaud, mettre l'eau, le sucre et les jaunes d'œufs. Battre le tout énergiquement avec un fouet jusqu'à l'obtention d'une préparation homogène. Une fois la préparation épaissie, incorporer la liqueur. Remuer puis retirer le bol de sur la casserole.

Ce sabayon fera merveille servi sur une salade de fruits rouges. Encore mieux : caraméliser la surface avec un chalumeau de cuisine avant de déguster.

Soufflé au Grand Marnier

4 jaunes d'œufs
⅓ t. de sucre
1 ½ t. de crème pâtissière
    (recette page 56)

⅓ t. de Grand Marnier
8 blancs d'œufs
⅓ de t. de sel

40 min

PRÉPARATION : Dans un bol, déposer les jaunes d'œufs et le sucre. Battre énergiquement avec un fouet jusqu'à l'obtention d'une préparation homogène et blanchâtre. Incorporer la crème pâtissière ainsi que le Grand Marnier au mélange. Remuer. Faire monter les blancs d'œufs en neige fermes avec une pincée de sel à l'aide d'un batteur à main (voir la recette à la page 49). Verser les blancs d'œufs sur le premier mélange. Utiliser une spatule pour plier délicatement. Ajouter le sel. Remuer. Beurrer les parois intérieures d'un grand pot ou des petits pots individuels allant au four. Saupoudrer ces surfaces de sucre. Verser la préparation jusqu'aux trois quarts des pots. Cuire au four 20 à 25 minutes à 200 °C / 400 °F. Servir dès la sortie du four.

Pour encore plus de saveur, ajouter une boule de crème glacée aux fruits rouges à l'intérieur avant de servir; c'est chaud coulant et fondant.

Tarte au flan et aux abricots

4 jaunes d'œufs
⅓ t. de sucre
1 t. de crème 35 %
1 c. à soupe d'extrait de vanille

1 fond de tarte de pâte sablée
    (recette page 66) ou de pâte
    brisée (recette page 65)
6 abricots, divisés en deux

30 min

PRÉPARATION : Dans un bol, déposer les jaunes d'œufs et le sucre. Battre énergiquement avec un fouet jusqu'à l'obtention d'une préparation homogène et blanchâtre. Ajouter la crème et l'extrait de vanille. Disposer les demi-abricots sur la pâte à tarte sablée ou brisée, au choix, préalablement précuite. Verser le mélange sur les abricots en prenant soin de le répartir équitablement. Cuire au four 25 à 30 minutes à 175 °C / 350 °F.

Une tarte à consommer tiède. On peut ajouter de la poudre d'amandes dans le mélange avant cuisson ou simplement déposer des amandes effilées en surface.

Tiramisu café chocolat

2 c. à soupe de cognac
2 cafés espresso
Environ 12 biscuits génoise
(recette Gâteau éponge
aux œufs, page 57)

½ t. de sucre
6 jaunes d'œufs
2 t. de fromage mascarpone
5 blancs d'œufs
1 c. à soupe de cacao amer

 35 min

PRÉPARATION : Verser le cognac et le café sur les biscuits génoise pour bien les imbiber. Déposer la moitié des biscuits au fond de coupes à martini. Dans un bol, déposer le sucre et les jaunes d'œufs. Battre énergiquement avec un fouet jusqu'à l'obtention d'une préparation homogène et blanchâtre. Incorporer le mascarpone et remuer. Faire monter les blancs d'œufs en neige fermes (voir la recette à la page 49). Les ajouter au mélange de jaunes d'œufs. Utiliser une spatule pour plier délicatement. Remplir les coupes à martini à mi-hauteur avec la crème et ajouter un autre petit morceau de biscuit puis une dernière couche de crème. Conserver au frais au moins 6 heures avant de déguster. Au moment de servir, saupoudrer la surface des tiramisus de cacao amer.

Pour plus de saveur, au moment d'incorporer le mascarpone, ajouter 1 cuillère à soupe supplémentaire de cognac.

Yogourt à boire au nectar de fruits

 10 min

1/3 t. de nectar de fruits, au choix
1 t. de yogourt nature
½ t. de lait

PRÉPARATION : Préparer un nectar de fruits au choix à l'aide d'une centrifugeuse ou d'un petit robot culinaire. Dans un mélangeur, déposer le yogourt, le lait et le nectar. Mixer le tout et verser la préparation dans un grand verre. Laisser reposer la préparation quelques instants au frais pour mieux déguster.

Couper quelques tranches de fruits frais utilisés pour la confection du nectar. Déposer ces tranches en bordure du verre.

Yogourt glacé à la papaye

1 t. de papaye, en morceaux
½ t. d'eau
2 t. de yogourt nature

PRÉPARATION : Dans une mélangeur, déposer la papaye et l'eau.
Mixer jusqu'à l'obtention d'une préparation homogène. Incorporer
le yogourt et mixer. Conserver la préparation au frais 1 heure.
Déposer le mélange refroidi dans une sorbetière électrique.
Turbiner jusqu'à ce que la préparation épaississe. Conserver
au congélateur jusqu'au moment de déguster.

30 min

*Il n'y a pas d'heure pour en manger, c'est léger et
succulent!*

Les fruits

Parcourez les vergers ensoleillés et
les jardins secrets pour des desserts
pleins de saveurs dignes des
plus grands gourmets.

NOTE : Lorsqu'il faut utiliser une gousse de vanille dans les préparations, procéder ainsi : couper la gousse de vanille dans le sens de la longueur, la vider de ses graines à l'aide d'un petit couteau et déposer le tout dans la préparation.

Ananas caramélisé

15 min

1 ananas, coupé en tranches
1 gousse de vanille
3 c. à soupe de rhum

½ t. de sucre
3 c. à soupe de sucre pour caramélisation

PRÉPARATION : Disposer les tranches d'ananas sur une plaque à cuisson. Dans un verre, déposer le rhum et la vanille (voir note page 73). Remuer. Badigeonner les tranches d'ananas de ce mélange à l'aide d'un pinceau. Saupoudrer les tranches de sucre. Faire caraméliser la préparation avec un chalumeau de cuisine ou en plaçant au four à « broil » jusqu'à caramélisation. Déguster chaud.

Accompagner ce dessert d'une crème de tapioca (voir la recette à la page 55), c'est simplement succulent.

Banana split

10 min

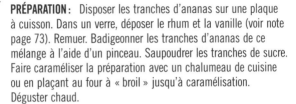

4 à 6 bananes
Crème glacée à la vanille
Crème glacée au chocolat
Crème glacée aux fraises
½ t. de sauce au chocolat (recette page 36)
1 t. de crème Chantilly (recette page 54)
2 c. à soupe d'amandes effilées, grillées

PRÉPARATION : Diviser les bananes en deux dans le sens de la longueur. Déposer 2 demi-bananes à la fois dans une assiette à dessert. Poser entre chaque demi-banane 1 boule de crème glacée à la vanille, 1 boule de crème glacée au chocolat et 1 boule de crème glacée aux fraises. Napper les boules de crème glacée de sauce au chocolat puis de crème Chantilly. Terminer en plaçant les amandes sur le dessus.

À déguster immédiatement avant que quelqu'un d'autre s'en empare.

Beignets de pommes

40 min

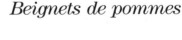

6 pommes, pelées, en rondelles de 1 cm (½ po) d'épaisseur
½ t. de sucre
¼ t. de calvados
1 t. de farine

1 c. à thé de poudre à pâte ou levure chimique
2 c. à soupe de beurre, fondu
4 œufs, jaunes et blancs séparés
1 t. de bière

PRÉPARATION : Dans un plat, déposer les pommes. Les saupoudrer de sucre et les arroser de calvados. Laisser macérer 5 à 10 minutes au frais. Dans un bol, déposer la farine et la poudre à pâte. Y incorporer le beurre fondu et les jaunes d'œufs. Remuer la pâte avec une cuillère. Incorporer la bière à la pâte peu à peu. Mélanger avec un fouet jusqu'à l'obtention d'une préparation homogène. Monter les quatre blancs d'œufs en neige bien fermes (voir la recette à la page 49). Ajouter les blancs montés au mélange. Utiliser une spatule pour plier délicatement. Préparer un bain d'huile très chaud. Tremper les tranches de pommes dans la pâte à beignets et plonger quelques tranches à la fois dans l'huile. Laisser cuire jusqu'à coloration dorée. Retirer les beignets, les égoutter sur un papier absorbant. Saupoudrer de sucre.

Un dessert irrésistible et chaud à souhait. Variantes : des beignets aux bananes ou aux ananas.

Beignets miel et citron

1 t. d'eau
1 pincée de sel
¾ t. de beurre
2 c. à soupe de sucre

2 c. à soupe de miel
Zeste de 1 citron
1 t. de farine
4 œufs

40 min

PRÉPARATION : Dans une casserole, porter l'eau, le sel et le beurre à ébullition. Ajouter le sucre, le miel et le zeste de citron. Reporter à ébullition. Retirer la casserole du feu et y jeter la farine en un seul coup. Remuer énergiquement à l'aide d'une cuillère de bois. Incorporer un œuf à la fois à la pâte pour obtenir une texture bien homogène. Préparer un bain d'huile bien chaud. Façonner des boules de pâte de la taille d'une cuillère à thé. Déposer quelques boules de pâte à beignets à la fois dans l'huile bien chaude. Laisser cuire jusqu'à coloration dorée. Retirer les beignets, les égoutter sur un papier absorbant. Saupoudrer de sucre.

Ces beignets sont à déguster chauds ou froids le matin au petit-déjeuner.

Brochettes de fruits de saison

1 banane, en rondelles
6 demi-gousses de vanille
  ou 6 pics de bois
3 tranches d'ananas,
  en morceaux

6 fraises, coupées en deux
½ t. de bleuets
½ melon miel, en morceaux
3 c. à soupe de sucre

15 min

PRÉPARATION : Enrober les gousses de vanille de sucre. Faire sécher au four environ 1 heure à 100 °C / 200 °F. Embrocher les fruits sur la vanille séchée en plaçant un bleuet entre chaque morceau de fruit. La vanille peut être remplacée par des pics de bois traditionnels.

Pourquoi ne pas essayer des brochettes confectionnées avec des fruits confits?

Carpaccio de kiwis et groseilles, copeaux de cacao

6 kiwis, pelés, en tranches fines
Jus de 1 orange
1/3 t. de groseilles
2 carrés de chocolat à croquer

PRÉPARATION : Disposer les tranches de kiwis en rosace dans une grande assiette. Verser le jus d'orange sur les kiwis. Distribuer les groseilles également dans toute l'assiette. À l'aide d'un petit couteau, confectionner de petits copeaux de chocolat noir et disposer sur les fruits. Conserver au frais jusqu'au moment de déguster.

Déguster cette rafraîchissante salade avec une mousse à la framboises (voir la recette à la page 83). C'est exquis!

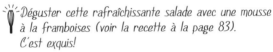

Chips d'oranges

2 oranges
Sucre à glacer

PRÉPARATION : À l'aide d'une petite machine à trancher le jambon, couper des tranches d'oranges entières aussi fines qu'une feuille de papier. Disposer les disques d'oranges sur une plaque de cuisson recouverte de papier parchemin. Saupoudrer généreusement de sucre à glacer. Cuire au four 1 heure à 75 °C / 150 °F. Arrêter la cuisson et laisser sécher les chips d'oranges au four pendant une demi-journée. Les sortir du four lorsqu'elles sont croustillantes.

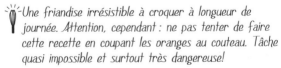

Une friandise irrésistible à croquer à longueur de journée. Attention, cependant : ne pas tenter de faire cette recette en coupant les oranges au couteau. Tâche quasi impossible et surtout très dangereuse!

Compote de pêches et de rhubarbe

30 min

3 pêches jaunes, pelées, dénoyautées, en morceaux
1 t. de rhubarbe, en morceaux
2 t. d'eau
¾ t. de sucre
1 gousse de vanille ou 2 c. à soupe d'extrait de vanille

PRÉPARATION : Dans une casserole, déposer les pêches et la rhubarbe. Verser l'eau, le sucre et la vanille (voir note page 73). Porter à ébullition. Cuire à feu doux 25 à 30 minutes. Retirer une fois la gousse de vanille cuite.

Un dessert à déguster chaud ou froid. Ajouter un peu de fantaisie avec une boule de crème glacée facile à la banane (voir la recette à la page 79).

Compote de pommes à la rhubarbe et à la vanille

40 min

4 pommes Golden, pelées, en morceaux	1 t.de sucre
1 t. de rhubarbe, en morceaux	Jus de 1/2 citron
	1 t. d'eau
	1 gousse de vanille

PRÉPARATION : Dans une casserole, déposer les morceaux de pommes et la rhubarbe. Ajouter le sucre, le jus de citron, l'eau et la vanille (voir note page 73). Cuire à feu doux 35 à 40 minutes. Une fois la compote cuite, retirer la gousse de vanille et mixer à l'aide d'un batteur à main. Conserver au frais dans un petit pot à confiture.

Aussi étrange que cela puisse paraître, il faut essayer cette compote en accompagnement d'une poitrine de poulet grillée, c'est divin!

Confiture de dattes

30 min

3 t. de sucre
1 t. d'eau
4 t. de dattes, dénoyautées, en morceaux
1½ t. de whisky

PRÉPARATION : Dans une casserole, porter le sucre et l'eau à ébullition. Incorporer les morceaux de dattes et le whisky. Cuire à feu doux environ 1 heure. Verser dans des petits pots à confiture. Fermer hermétiquement les pots et les retourner à l'envers pour faire refroidir la confiture. Conserver au sec.

Une confiture agréable, facile et rapide à faire; de quoi faire le plein d'énergie dès le matin. Pour plus de saveur encore, ajouter une écorce d'orange et des amandes entières grillées dès le début de la cuisson.

Coulis d'abricots au cidre de glace

25 min

2 t. d'abricots frais,
   dénoyautés, coupés
   en deux

½ t. de sucre
⅓ t. d'eau
⅓ t. de cidre de glace

PRÉPARATION : Dans une casserole, porter les abricots frais, le sucre et l'eau à ébullition. Laisser mijoter à feu doux 15 à 20 minutes. Mixer la préparation avec un batteur à main une fois les fruits cuits. Incorporer le cidre de glace. Laisser réduire 5 à 10 minutes à petit feu. À déguster chaud ou froid.

Ce coulis peut être servi en accompagnement de tarte-lettes ou gâteaux au fromage. Il fait aussi une excellente soupe chaude ou froide. Quelques tranches de pêches blanches et jaunes servies sur le dessus avec une boule de crème glacée et c'est le bonheur.

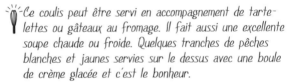

Crème de citron à tartiner

30 min

1 ½ t. de sucre à glacer
Zeste de 2 citrons
4 œufs

¾ t. de jus de citron
1 t. de beurre

PRÉPARATION : Dans un bol, déposer le sucre à glacer, le zeste de citron et les œufs. Battre énergiquement avec un fouet pour faire mousser la préparation. Incorporer le jus de citron et remuer. Verser dans une casserole. Cuire à feu doux 15 à 20 minutes. Ajouter le beurre en remuant avec une spatule de bois et laisser mijoter doucement. La sauce est prête quand elle nappe la spatule. Conserver au frais.

Un vrai délice pour les amoureux de la tarte au citron meringuée (voir la recette à la page 94). Cette crème est la complice de tous les desserts.

Crème glacée facile à la banane

4 bananes bien mûres, en morceaux
1 t. de lait
1 t. de crème 35 %
½ t. de sucre

30 min

PRÉPARATION : Déposer les morceaux de bananes dans un mélangeur. Incorporer le lait, la crème et le sucre. Mixer jusqu'à l'obtention d'une préparation homogène. Verser le mélange dans une sorbetière électrique. Turbiner la crème glacée à la banane suffisamment pour qu'elle épaississe. Conserver au congélateur.

Pour un délice des dieux, déposer une boule de cette crème glacée sur une gaufre et napper d'une sauce au chocolat (voir la recette à la page 36).

Eau de melon d'eau et menthe fraîche

3 t. de jus de melon d'eau
3 c. à soupe de sucre
Jus de 1/2 citron

1 grosse tranche de melon
d'eau, en petits morceaux
2 branches de menthe fraîche

15 min

PRÉPARATION : Dans un bol, déposer le jus du melon, le sucre et le jus de citron. Remuer. Verser dans de grands verres. Dans chacun d'eux, déposer des morceaux de melon et un bout de branche de menthe. Conserver au frais 30 minutes avant de servir avec une grande paille.

Les grands comme les tout-petits apprécieront siroter cette boisson très rafraîchissante.

Éventail de mangues et pulpe de fruits de la passion

3 mangues bien mûres,
en lamelles
3 c. à soupe de confiture
d'abricots

¼ t. d'eau
Jus de 1/2 citron
3 fruits de la passion,
coupés en deux, évidés

15 min

PRÉPARATION : Disposer les tranches de mangue dans des assiettes à dessert. Dans un bol, délayer la confiture d'abricots avec l'eau et le jus de citron. Badigeonner le carpaccio de mangues de cette préparation. Disperser les graines de fruits de la passion sur les mangues. Déguster très frais.

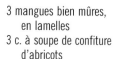
Utiliser les coques vides des fruits de la passion comme bols pour servir un sorbet.

Gaspacho de raisins blancs et cerises de terre

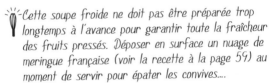

20 min

2 t. de cerises de terre, équeutées
3 t. de raisins blancs
Quelques gouttes de jus de citron
½ t. de melon miel, en brunoise

PRÉPARATION : Dans un mélangeur, déposer les fruits. Mixer à grande vitesse. Filter le nectar. Dans une soupière, déposer la brunoise de melon miel. Verser le nectar sur le melon miel. Conserver au frais.

Cette soupe froide ne doit pas être préparée trop longtemps à l'avance pour garantir toute la fraîcheur des fruits pressés. Déposer en surface un nuage de meringue française (voir la recette à la page 59) au moment de servir pour épater les convives....

Gelée citron limette

30 min

½ t. de sucre
1 ½ t. d'eau
Jus et zeste de 1 citron

Jus et zeste de 1 limette
8 feuilles de gélatine

PRÉPARATION : Dans une casserole, porter le sucre et l'eau à ébullition. Ajouter les jus et les zestes d'agrumes. Cuire à feu doux 3 à 5 minutes. Retirer du feu. Filtrer. Tremper les feuilles de gélatine dans un peu d'eau froide et les ajouter à la préparation. Remuer avec un fouet jusqu'à ce que la gélatine soit bien dissoute dans le sirop. Verser dans des petits plats. Conserver au frais. Démouler avant de servir.

Une gelée vraiment exquise. Peut être utilisée pour napper mousses et bavaroises.

Granité à l'ananas et au rhum blanc

20 min

½ t. d'ananas, en brunoise
⅓ t. de rhum blanc
2 t. de jus d'ananas

PRÉPARATION : Dans un bol, déposer la brunoise d'ananas. Arroser de rhum blanc. Une fois les dés d'ananas bien macérés, verser le jus sur le dessus. Mélanger. Déposer le bol au congélateur. Toutes les heures, gratter le granité avec une fourchette afin de l'aider à cristalliser.

Ce succulent granité ravivera les cocktails et les salades de fruits d'été.

Granité à la fraise

🕐 30 min

4 t. de fraises fraîches,
    en morceaux
1 t. de sucre
Jus de 1 citron

Jus de 1 orange
2 c. à soupe de liqueur
    de fraises

PRÉPARATION : Dans un bol, déposer les morceaux de fraises et le sucre. Mixer à l'aide d'un batteur à main. Incorporer les jus d'agrumes. Remixer. Verser le mélange dans une sorbetière électrique. Ajouter la liqueur de fraises. Turbiner le sorbet suffisamment pour que la préparation épaississe. Conserver au congélateur.

Un vrai délice servi avec une salade de fraises au balsamique (voir la recette à la page 89).

Granité à la limonade

🕐 20 min

1 t. de sucre
Jus de 4 oranges

Jus de 2 citrons
4 t. d'eau pétillante

PRÉPARATION : Dans un bol, déposer le sucre et les jus d'agrumes. Mélanger avec un fouet jusqu'à ce que le sucre soit complètement dissout. Incorporer l'eau pétillante. Remuer. Déposer le bol au congélateur. Toutes les heures, gratter le granité avec une fourchette afin de l'aider à cristalliser.
Ne pas conserver plus d'une semaine, le granité durcissant rapidement.

Pour une vraie merveille : servir avec une salade de petits fruits rouges.

Gratin de figues au porto et
aux amandes

🕐 25 min

1 c. à soupe de beurre
8 figues fraîches, coupées
    en deux dans le sens
    de la longueur
¼ t. de porto

2 œufs
¼ t. de sucre
¼ t. de crème à cuisson 35 %
¼ t. d'amandes effilées,
    grillées

PRÉPARATION : Dans une poêle, faire fondre le beurre. Faire revenir les figues. Déglacer au porto. Une fois caramélisées, mettre les figues dans un grand plat à gratin. Dans un bol, déposer les œufs, le sucre et la crème. Battre énergiquement avec un fouet jusqu'à l'obtention d'une préparation homogène. Verser ce mélange sur les figues. Parsemer la surface d'amandes. Cuire au four 20 minutes à 175 °C / 350 °F. Consommer chaud, dès la sortie du four.

Ajouter une boule de crème glacée à la vanille sur ce gratin; un vrai péché mignon!

Gratin de pamplemousse amandine

30 min

3 pamplemousses,
    parés en suprêmes
4 œufs, jaunes et
    blancs séparés

¼ t. de sucre
3 c. à soupe d'eau-de-vie
¾ t. de poudre d'amandes
2 c. à soupe de beurre

PRÉPARATION : Déposer les suprêmes de pamplemousse dans des petites assiettes creuses. Dans un bol, déposer les jaunes d'œufs, le sucre et l'eau-de-vie. Battre énergiquement avec un fouet jusqu'à l'obtention d'une préparation homogène et blanchâtre. Incorporer la poudre d'amandes et remuer le tout. Monter les blancs d'œufs en neige bien fermes (voir la recette à la page 49). Ajouter les blancs montés au mélange. Utiliser une spatule pour plier délicatement. Ajouter le beurre fondu en remuant avec une cuillère. Verser ce mélange amandine sur les suprêmes de pamplemousse. Gratiner à l'aide d'un chalumeau de cuisine ou passer tout simplement les assiettes sous le grill du four à « broil » le temps d'obtenir une coloration en surface.

Augmenter le plaisir de la dégustation en y ajoutant un sorbet et quelques chips d'oranges (voir la recette à la page 76).

Liqueur de mûres

20 min

4 t. de mûres fraîches
3 t. de sucre
4 t. d'eau-de-vie ou de vodka

PRÉPARATION : Dans un bol, déposer les mûres et le sucre. Verser l'alcool sur les fruits. Remuer. Laisser macérer au frais pendant plus de 2 semaines en remuant de temps à autre (3 à 4 fois par semaine). Filtrer la liqueur et la mettre dans une bouteille fermée hermétiquement. Conserver dans un endroit sec.

Un beau produit artisanal très savoureux.

Melon en surprise

2 petits melons
½ t. de porto

20 min

PRÉPARATION : Couper un des melons en dents de loup. À l'aide d'une cuillère, évider. Couper le deuxième melon en deux et l'épépiner. Avec un boulier à pommes parisiennes, creuser la chair de celui-ci pour confectionner des petites boules. Déposer les boules de melon dans les deux demi-melons coupés en dents de loup. Arroser avec le porto. Laisser reposer au frais 15 à 20 minutes avant de déguster.

Le boulier à pommes parisiennes sert habituellement à confectionner des boules de pommes de terre. On peut l'utiliser pour le melon miel, le cantaloup et le melon d'eau.

Mendiants au whisky

½ t. d'abricots secs
½ t. de raisins secs
½ t. de pruneaux sec

½ t. de noix, décortiquées
½ t. de sucre
2 t. de whisky

25 min

PRÉPARATION : Dans un grand pot de conserve en verre, déposer les abricots, les raisins, les pruneaux et les noix. Verser le sucre sur les fruits secs. Remplir le pot avec le whisky. Laisser reposer dans un endroit sec et macérer un minimum de 2 à 3 mois avant de consommer. Conserver de préférence dans un garage ou une cave.

Excellent comme base pour les gâteaux aux fruits secs. On peut aussi les déguster simplement dans un petit verre, mais attention aux excès

Mousse à la framboise

1 t. de crème Chantilly
  (recette page 54)
2 t. de framboises

1 t. de crème anglaise
  (recette page 51)
6 feuilles de gélatine

25 min

PRÉPARATION : Mixer la crème Chantilly et les framboises avec un batteur à main pour en faire une purée. Incorporer les framboises à la Chantilly. Utiliser une spatule pour plier délicatement. Dans une casserole, chauffer la crème anglaise à feu doux sans la faire bouillir. Tremper les feuilles de gélatine dans un peu d'eau froide et les ajouter à la crème anglaise tiédie. Bien dissoudre la gélatine en brassant avec un fouet. La crème

anglaise refroidie, l'incorporer à la Chantilly en pliant délicatement avec une spatule. Verser dans un moule à gâteau ou dans
des coupes à dessert. Conserver au frais 3 à 4 heures avant de
déguster.

 *Pour augmenter la saveur de cette préparation, couler
au-dessus des crèmes un léger miroir de gelée citron
limette (voir la recette à la page 80).*

Nems à la banane et à la poudre d'amandes

40 min

1 jaune d'œuf
2 c. à soupe de sucre
2 c. à soupe de rhum
2 c. à soupe de crème
   à cuisson 35 %

½ t. de poudre d'amandes
6 feuilles de pâte philo
2 bananes, coupées en
   trois tronçons
2 c. à soupe de beurre, fondu

 PRÉPARATION : Dans un bol, déposer le jaune d'œuf et le sucre.
Battre énergiquement avec un fouet jusqu'à l'obtention d'une
préparation homogène et blanchâtre. Incorporer le rhum, la crème
et la poudre d'amandes. Déposer les feuilles de pâte à philo sur
un plan de travail. Découper de petits rectangles de 15 cm / 6 po
sur 23 cm / 9 pouces. Déposer un morceau de banane au haut de
chaque rectangle de pâte et diviser la préparation d'amandes en
six portions pour en ajouter sur chacun des morceaux de banane.
Rouler chaque rectangle de manière à former des nems. Napper
les nems de beurre fondu. Cuire au four environ 10 minutes à
150 °C / 300 °F. Déguster chauds.

 *Pour un succès assuré, tremper les nems dans une
sauce au caramel au beurre (voir la recette à la
page 113). C'est délicieux.*

Papillotes de fruits

20 min

1 t. de raisins blancs
1 orange, coupée en fins quartiers
1 pomme, coupée en fins quartiers
1 poire, coupée en fins quartiers
6 fraises, coupées en deux
1 banane, coupée en fines rondelles

Jus de 1 orange
Zeste de 1 citron, râpé
¼ t. de sucre
6 feuilles de papier
   parchemin

PRÉPARATION : Déposer tous les fruits dans un bol. Verser le jus
d'orange sur les fruits. Parsemer de zeste de citron. Ajouter le
sucre. Remuer. Déposer une portion de salade sur chacune des
feuilles de papier parchemin. Refermer de manière à former des
papillotes. Cuire au four 10 à 15 minutes à 200 °C / 400 °F.

Dessert très simple à servir lors des BBQ en famille ou entre amis. Il saura clore le repas avec succès.

Pêches melba

4 t. d'eau
2 t. de sucre
1 gousse de vanille ou
    1 c. à soupe d'extrait
    de vanille
3 à 4 pêches blanches,
    dénoyautées et coupées
    en deux

1 t. de framboises
1 c. à soupe de sucre
4 à 6 boules de crème
    glacée à la vanille
1 c. à soupe d'amandes,
    grillées

30 min

PRÉPARATION : Dans une casserole, porter l'eau, le sucre et la vanille (voir note page 73) à ébullition. Plonger les pêches dans le sirop et cuire à feu doux 10 à 15 minutes. Faire un coulis de framboises en les déposant dans un mélangeur avec un peu d'eau et la cuillère à soupe de sucre. Utiliser des coupes à dessert. Déposer dans chacune une boule de crème glacée. Ajouter une moitié de pêche au sirop sur chacune d'elles. Napper avec le coulis de framboises. Parsemer d'amandes grillées et déguster.

À découvrir absolument en saison de pêches blanches en été. Ce dessert est renversant par sa simplicité.

Poires belle Hélène

1 boîte de poires au sirop de 340 ml / 12 oz
4 à 6 boules de crème glacée à la vanille
1 t. de sauce au chocolat (recette page 36)
1 t. de crème Chantilly (recette page 54)
2 c. à soupe de vermicelles au chocolat

20 min

PRÉPARATION : Déposer dans des coupes à dessert une boule de crème glacée à la vanille. Déposer deux demi-poires sur chacune. Napper de sauce au chocolat préalablement réchauffée. Ajouter une cuillerée de crème Chantilly. Saupoudrer de vermicelles au chocolat.

Un dessert délicieux et gourmand pour les quatre saisons.

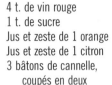

Poires pochées au vin

30 min

4 t. de vin rouge
1 t. de sucre
Jus et zeste de 1 orange
Jus et zeste de 1 citron
3 bâtons de cannelle,
    coupés en deux

3 anis étoilés
1 c. à soupe d'épices chinoises
4 à 6 poires, pelées avec
    queues conservées

PRÉPARATION : Dans une grande casserole, porter le vin à ébullition. Ajouter le sucre ainsi que les zestes et les jus d'agrumes. Incorporer la cannelle, l'anis étoilé et les épices chinoises. Plonger les poires dans cette préparation. Cuire à feu doux 15 à 20 minutes. Utiliser un petit couteau à lame pointue pour vérifier la cuisson des poires. Lorsqu'elles sont tendres, retirer du feu. Déposer la casserole au frais. Laisser macérer une demi-journée. Au moment de servir, réchauffer le tout. Servir les poires dans une assiette creuse et laisser réduire le sirop de vin aux épices à feu vif jusqu'à ce qu'il épaississe. Napper les poires de cette réduction.

Accompagner ce dessert d'une crème glacée à la vanille et d'amandes grillées.

Poires pochées aux canneberges

35 min

6 poires, pelées avec
    queues conservées
1 t. de sucre
4 à 6 t. de jus de
    canneberges

1 bâton de cannelle
Zeste de 1 citron
1 t. de canneberges séchées

PRÉPARATION : Dans une grande casserole, porter les poires, le sucre et le jus de canneberges à ébullition. Ajouter le bâton de cannelle et le zeste de citron en début de cuisson. Une fois les poires cuites, ajouter les canneberges. Retirer du feu. Laisser refroidir les poires dans leur jus de cuisson. Au moment de servir, filtrer le jus de canneberges sèches et laisser le sirop réduire jusqu'à ce qu'il épaississe. Réchauffer les poires avec la réduction au moment de déguster.

Servir les poires pochées dans une assiette avec une crème anglaise (voir la recette à la page 51). Disposer les canneberges tout autour.

Pommes cuites au four

6 pommes Golden avec
    pelure, cœur et pépins
    retirés
1 t. de vin rouge

1 bâton de cannelle,
    coupé en deux
¾ t. de sucre
3 c. à soupe de beurre

35 min

PRÉPARATION : Disposer les pommes dans un plat à cuisson.
Verser le vin rouge sur les pommes. Déposer la cannelle dans le
plat à cuisson. Verser le sucre au cœur de chacune des pommes.
Déposer une noix de beurre sur chacune d'elles. Cuire au four
30 minutes à 175 °C / 350 °F. À déguster dès la sortie du four.

*Avec les restes, le lendemain, retirer la peau et les
passer au mélangeur avec le sirop de cuisson. On obtient
ainsi une délicieuse compote de pommes.*

Pommes fruits en hérisson

2 t. d'eau
1 t. de sucre
2 c. à soupe d'extrait
    de vanille

Jus de 1 citron
4 à 6 pommes Golden, pelées
3 c. à soupe de bâtonnets
    d'amandes

40 min

PRÉPARATION : Dans une casserole, porter l'eau et le sucre à
ébullition. Ajouter l'extrait de vanille et le jus de citron. Laisser
réduire jusqu'à l'obtention d'un sirop. Laisser mijoter à feu doux
10 à 15 minutes. Déposer les pommes dans un plat à gratin et
les piquer sur toute leur surface avec les bâtonnets d'amande.
Napper les pommes de sirop. Cuire au four 5 à 6 minutes à
175 °C / 350 °F. À déguster chaud ou froid.

*Un dessert tout simple à réaliser en famille, une belle
façon d'initier les tout-petits à la confection de desserts.*

Pruneaux en chemise

2 t. de pruneaux séchés, dénoyautés
½ t. de pâte d'amande nature
2 c. à soupe de cognac
¼ t. de sucre

10 min

PRÉPARATION : Dans un bol, déposer la pâte d'amande et la
malaxer avec les doigts. Ajouter le cognac pour ramollir et
parfumer la pâte. Former un petit boudin mince avec celle-ci.
Couper les pruneaux dans le sens de la longueur et les farcir d'un
petit morceau de pâte d'amandes. Enrober chaque morceau de
sucre. Conserver au frais ou à température ambiante dans une
boîte fermée hermétiquement.

Pour cette recette, choisir des pruneaux bien dodus et pas trop secs. Pour les périodes de fêtes, c'est un plaisir de confectionner des dattes, des figues et des abricots secs en chemise. Parfumer la pâte d'amande avec différentes liqueurs pour une plus grande variété.

Riz aux bananes et à la noix de coco

40 min

1 t. de riz rond
2 t. de lait
2 t. de lait de coco
1 gousse de vanille

¹/₃ t. de sucre
½ t. de noix de coco, râpée
2 bananes

PRÉPARATION : Dans une casserole, porter le riz et le lait à ébullition. Ajouter le lait de coco, la vanille (voir note page 73), la noix de coco et le sucre. Laisser mijoter environ 30 minutes. Incorporer le sucre et la noix de coco. Une fois le riz cuit, peler la banane et la couper en fines rondelles. Les ajouter dans la casserole de riz. Laisser cuire de 3 à 5 minutes. Déguster ce dessert chaud ou froid.

Pour un résultat encore plus onctueux, ajouter 1 tasse de crème anglaise (voir la recette à la page 51) au moment de servir et remuer le tout.

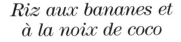

Sabayon de bleuets au cognac

30 min

5 jaunes d'œufs
¹/₃ t. de sucre
2 c. à soupe d'eau

¼ t. de cognac
1 t. de bleuets

PRÉPARATION : Remplir une casserole d'eau aux trois quarts et porter à ébullition. Déposer sur la casserole un bol de métal ou de verre qui servira de bain-marie. Y déposer les jaunes d'œufs et le sucre. Faire mousser à l'aide d'un fouet. Ajouter l'eau et le cognac. Continuer à fouetter pour faire monter ce mélange en préparation onctueuse et homogène. Rincer les bleuets et les déposer dans des coupes à dessert. Napper avec la préparation du sabayon et caraméliser avec un chalumeau de cuisine.

Accompagner ce subtil dessert aux bleuets d'un sorbet bleuets au yogourt (voir la recette à la page 92).

Salade d'agrumes
au basilic frais

20 min

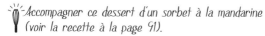

2 oranges, pelées, en fines lamelles
1 pamplemousse, pelé, en fines lamelles
1 citron, pelé, en fines lamelles
1 orange sanguine, pelée, en fines lamelles
⅓ t. d'eau
½ t. de sucre
½ t. de feuille de basilic

PRÉPARATION : Dans un bol, déposer les fruits. Dans une casse-role, porter l'eau et le sucre à ébullition. Une fois le sirop chaud, ajouter les feuilles de basilic. Verser sur la salade d'agrumes. Conserver au frais 1 à 2 heures avant de déguster. Présenter la salade d'agrumes en mosaïque dans une assiette avec le sirop et une feuille de basilic.

Accompagner ce dessert d'un sorbet à la mandarine (voir la recette à la page 91).

Salade de fraises au balsamique

2 t. de fraises, tranchées
½ t. de vinaigre balsamique
Jus de 1 citron

⅓ t. de sucre
2 c. à soupe de menthe
fraîche, hachée

20 min

PRÉPARATION : Dans un bol, déposer les fraises. Verser le vinaigre balsamique et le jus de citron sur les fraises. Ajouter le sucre et remuer. Incorporer la menthe au mélange. Conserver au frais 1 heure avant de déguster.

Les feuilles de basilic ou d'estragon seront aussi un excellent substitut à la menthe. À découvrir en période d'été avec des fraises goûteuses et sucrées.

Sirop de basilic frais citronné

1 ½ t. d'eau
1 t. de sucre

Jus de 2 citrons
1 t. de feuilles de basilic frais

20 min

PRÉPARATION : Dans une casserole, porter l'eau et le sucre à ébullition. Incorporer le jus de citron. Remuer avec une cuillère jusqu'à ce que le sucre soit dissout. Une fois que le sirop commence à épaissir, ajouter les feuilles de basilic. Retirer aussitôt la casserole hors du feu. Mixer la préparation à l'aide d'un robot culinaire. Utiliser un tamis pour filtrer le sirop. Conserver au frais jusqu'à son utilisation.

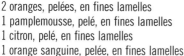

Un excellent complément qui apportera une touche de fraîcheur et de fantaisie si servi avec un panacotta (voir la recette à la page 64) ou tout simplement sur des desserts à base de fruits en guise de coulis.

Sirop de cerise

 20 min

6 t. de cerises fraîches, rincées et équeutées
8 t. de sucre

 PRÉPARATION : Dans un grand plat, déposer les cerises. À l'aide d'un rouleau à pâtisserie, concasser les cerises et les laisser mariner avec leurs noyaux une demi-journée au frais. Récupérer le jus en vidant le contenu dans une passoire sous laquelle se trouve un bol. Presser les cerises avec un grosse cuillère. Dans une casserole, verser le jus et ajouter le sucre. Porter à ébullition. Cuire 10 à 15 minutes à feu vif en retirant au besoin l'écume qui se forme à la surface. Conserver au frais ou au sec dans des bouteilles fermées hermétiquement.

 Un sirop tout simple à faire. Verser un fond de sirop dans un verre et remplir avec un grand volume d'eau froide pour obtenir une boisson rafraîchissante.

Smoothie à la mangue

 10 min

2 mangues bien mûres,
   pelées et en morceaux
Jus de 1 orange

Jus de 1/2 citron
2 t. de glaçons

 PRÉPARATION : Dans un bol, mélanger les jus d'agrumes. Dans un mélangeur, déposer les morceaux de mangue et verser le jus. Ajouter les glaçons et mixer. Servir très frais dans des grands verres.

 Un péché mignon en grignotant des dattes fraîches.

Smoothie fraises, bananes et vanille

10 min

2 t. de fraises, rincées et
   équeutées
2 bananes, en morceaux

1 t. de yogourt nature
2 c. à soupe d'extrait de vanille
Glaçons, au goût

PRÉPARATION : Dans un mélangeur, déposer les fraises et les bananes. Ajouter le yogourt, l'extrait de vanille et quelques glaçons. Mixer le tout et servir frais dans des grands verres sans oublier les pailles.

Déposer le mélange (sans glaçons) dans une sorbetière électrique. Turbiner. Sans plus d'efforts, un délicieux sorbet onctueux.

Sorbet à la mandarine

.
1 t. de sucre
Jus de 1 citron
3 t. de jus de mandarine

2 c. à soupe de liqueur de
mandarine ou de Cointreau

20 min

PRÉPARATION : Dans un bol, faire dissoudre le sucre avec le jus de citron. Y incorporer le jus de mandarine et la liqueur ou le Cointreau. Mélanger. Conserver au congélateur environ 1 heure afin de bien refroidir la préparation. Déposer dans une sorbetière électrique. Turbiner jusqu'à ce que la préparation épaississe. Conserver au congélateur.

 Ce sorbet fera l'unanimité sur des crêpes fines, un fondant au chocolat ou tout simplement servi avec une salade de fruits de saison.

Sorbet au melon d'eau

3 t. de jus de melon d'eau centrifugé
1 t. de sucre
Jus de 1 citron

30 min

PRÉPARATION : Dans un bol, faire dissoudre le sucre avec le jus de citron. Ajouter le jus de melon d'eau. Remuer. Déposer dans une sorbetière électrique. Turbiner jusqu'à ce que la préparation épaississe. Déposer au congélateur

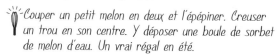 Couper un petit melon en deux et l'épépiner. Creuser un trou en son centre. Y déposer une boule de sorbet de melon d'eau. Un vrai régal en été.

Sorbet aux deux melons

1 ½ t. de sucre
3 t. de jus de melon

2 t. de melon d'eau
Jus de 1 citron

40 min

PRÉPARATION : Dans un bol, déposer tous les ingrédients. Remuer. Déposer au congélateur 1 heure environ. Verser dans un sorbetière électrique. Turbiner jusqu'à ce que la préparation épaississe. Conserver au congélateur.

☀️ Exceptionnel avec une salade de melon miel coupée en petits morceaux.

Sorbet bleuets au yogourt

🕐
30 min

1 t. d'eau
1 t. de sucre

2 t. de yogourt nature
1 t. de bleuets

 PRÉPARATION : Dans une casserole, porter l'eau et le sucre à ébullition. Laisser réduire. Déposer au frigo. Le sirop froid, y ajouter les bleuets. Mixer au robot culinaire. Incorporer le yogourt et mélanger énergiquement la préparation avec un fouet. Verser dans une sorbetière. Turbiner jusqu'à ce que la préparation épaississe. Conserver au congélateur.

☀️ Un sorbet qui ne passera pas inaperçu auprès des invités.

Soufflé aux framboises et au Grand Marnier

🕐
30 min

4 jaunes d'œufs
4 c. à soupe de sucre
8 blancs d'œufs
¼ t. de crème pâtissière
(recette page 56)

⅓ t. de Grand Marnier
1 t. de framboises fraîches

🔥 **PRÉPARATION :** Dans un bol, déposer les jaunes d'œufs et le sucre. Battre énergiquement avec un fouet jusqu'à l'obtention d'une pâte homogène et blanchâtre. Monter les blancs d'œufs en neige très fermes (voir la recette à la page 49). Dans un autre bol, verser la crème pâtissière et le Grand Marnier. Remuer. Incorporer la crème pâtissière au premier mélange. Ajouter les blancs d'œufs en neige. Utiliser une spatule pour plier délicatement. Verser dans des petits ramequins préalablement beurrés et répartir les framboises dans chacun. Cuire au four 6 à 8 minutes à 200 °C / 400 °F.

☀️ Un dessert plaisir. Plus petits seront les ramequins, plus les soufflés monteront facilement.

Soupe chaude de pêches et cannelle

4 pêches blanches, pelées, en morceaux	4 t. d'eau
4 pêches jaunes, pelées, en morceaux	1 bâton de cannelle
1 t. de sucre	1 c. à soupe de miel
	1/3 t. de bâtonnets d'amandes grillées

35 min

PRÉPARATION : Dans une casserole, porter les fruits, le sucre et l'eau à ébullition. Ajouter le bâton de cannelle et laisser mijoter à feu doux 30 minutes environ. Retirer le bâton de cannelle et mixer la soupe. Verser la préparation dans des assiettes creuses. Napper d'un léger filet de miel et disposer quelques bâtonnets d'amandes grillées en surface pour donner un léger croustillant à ce dessert.

Servir ce dessert chaud, en déposant au milieu de l'assiette une boule de crème glacée au fromage blanc ou au miel. C'est tout simplement audacieux!

Taboulé aux fruits et au thé à la menthe

2 t. d'eau
1 sachet de thé à la menthe
3 c. à soupe de groseilles
3 c. à soupe de mangue, en petits dés
3 c. à soupe d'ananas, en petits dés
3 c. à soupe de fraises, en petits dés
3 c. à soupe de cantaloup, en petits dés
3 c. à soupe de banane, en petits dés
3 c.à soupe d'orange, en petits dés
1 t. de semoule moyenne
½ t. de menthe fraîche, hachée
Zeste de 1 citron
2 c. à soupe d'extrait de vanille

40 min

PRÉPARATION : Dans une casserole, porter l'eau à ébullition. Y mettre le sachet de thé à infuser. Dans un bol, déposer les cubes de fruits. Remuer. Verser le thé à la menthe chaud sur la semoule et remuer. Une fois celle-ci refroidie, l'ajouter au mélange de fruits. Incorporer la menthe fraîche, le zeste de citron et l'extrait de vanille. Rectifier l'assaisonnement du taboulé de fruits au besoin avec du jus de citron ou d'orange. Conserver au frais jusqu'au moment de déguster.

*Pratique et très goûteux. À apporter absolument dans les pique-nique.*

Tartare de mandarines et litchis

1 t. de litchis au sirop, en morceaux
½ t. de quartiers de mandarines fraîches, en morceaux
¼ t. de framboises fraîches, en morceaux
1 c. à soupe de vodka

20 min

PRÉPARATION : Dans un bol, déposer les fruits. Verser la vodka sur les fruits. Conserver au frais environ 1 heure. À l'aide d'un petit emporte-pièce, confectionner des tartares individuels. Servir très frais avec une feuille de menthe.

Une belle préparation pour des tartes aux fruits réussies. Il suffit de faire une tarte à pâte sucrée (voir la recette à la page 66) avec une crème pâtissière (voir la recette à la page 56) et d'y ajouter y ce mélange de fruits gourmands.

Tarte à la crème d'amandes et aux noix

1 fond de tarte de pâte
    sablée (recette page 66)
1 t. de poudre d'amandes
1 t. de sucre à glacer
6 œufs
½ t. de beurre, ramolli

1 t. de sucre
1 c. à soupe d'eau
1 t. de crème 35 %
1 t. de mélange de noix
    (Grenoble et pécans)

45 min

PRÉPARATION : Faire cuire le fond de tarte à blanc au four 10 minutes à 175 °C / 350 °F. Dans un bol, déposer la poudre d'amandes, le sucre à glacer et les œufs. Remuer avec une spatule en y incorporant le beurre ramolli. Brasser jusqu'à l'obtention d'une préparation homogène. Verser dans le fond de tarte. Cuire au four 15 minutes 175 °C / 350 °F. Dans une casserole, démarrer le caramel avec le sucre et l'eau. Attendre une caramélisation complète avant d'y verser la crème. Incorporer les noix. Brasser et verser sur la tarte. Laisser refroidir la tarte avant de la consommer.

Servi avec un vin de noix cette tarte est un délice, à découvrir absolument!

Tarte au citron meringuée

1 fond de tarte de pâte sucrée (recette page 66)
1 t. de meringue italienne (recette page 60)
2 t. de préparation de crème de citron à tartiner (recette page 78)

PRÉPARATION : Cuire le fond de tarte à blanc au four 10 à 15 minutes à 175 °C / 350 °F. Verser la crème de citron sur le fond de tarte. Napper de meringue italienne. Faire dorer la tarte au citron meringuée au four sous le grill à « broil » ou avec un chalumeau de cuisine.

50 min

🥄 *À déguster absolument avec un coulis de framboises maison. De quoi mettre les papilles gustatives en effervescence.*

Tarte fine aux pommes

1 pâte brisée (recette page 65)　2 c. à soupe de beurre
4 pommes, pelées, évidées et　1 c. à thé de cannelle
　coupées en fines lamelles　¼ t. de sucre

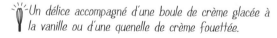

PRÉPARATION : Étaler la pâte brisée sur un plan de travail. Déposer une assiette plate sur la pâte. À l'aide d'un petit couteau, faire le tour de l'assiette pour former un cercle. Mettre la pâte sur une plaque à cuisson. Disposer les lamelles de pommes en rosace sur la pâte. Dans une casserole, faire fondre le beurre. À l'aide d'un pinceau, badigeonner les pommes, les saupoudrer de cannelle et de sucre. Cuire au four 30 à 40 minutes à 200 °C / 400 °F. Servir chaud.

45 min

🥄 *Un délice accompagné d'une boule de crème glacée à la vanille ou d'une quenelle de crème fouettée.*

Terrine de fruits en gelée

2 t. de jus d'ananas
10 feuilles de gélatine
2 c. à soupe de fraises, en brunoise
2 c. à soupe de melon, en brunoise
2 c. à soupe de mûres, en brunoise
2 c. à soupe d'ananas, en brunoise
2 c. à soupe d'orange, en brunoise
Zeste de 1 citron, finement haché

35 min

PRÉPARATION : Dans une casserole, porter le jus d'ananas à ébullition. Tremper les feuilles de gélatine dans un peu d'eau froide. Incorporer la gélatine au jus d'ananas hors du feu. Dans un bol, déposer tous les fruits. Ajouter le zeste de citron. Verser la gelée dans des petits ramequins dont il sera facile de la démouler. Conserver au frais quelques heures avant de déguster.

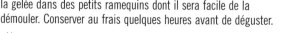

🥄 *Un délice d'été, encore plus délicieux servi avec un soupçon de coulis de fruits rouges.*

Le sucre

Pour travailler avec le plus beau joyau
des desserts, un diamant à la base
de recettes les plus gourmandes.

Le sucre

NOTE : Lorsqu'il faut utiliser une gousse de vanille dans les préparations, procéder ainsi : couper la gousse de vanille dans le sens de la longueur, la vider de ses graines à l'aide d'un petit couteau et déposer le tout dans la préparation.

Amandes caramélisées

1 t. d'amandes, sans peau   ¼ t. d'eau
½ t. de sucre   1 c. à soupe de beurre

25 min

PRÉPARATION : Dans une poêle antiadhésive, déposer les amandes et les faire revenir sans matière grasse. Une fois bien grillées, laisser les amandes refroidir à température ambiante. Dans une casserole, cuire à feu doux le sucre et l'eau pour obtenir un caramel. Une fois la préparation fondue et d'une belle couleur foncée, y plonger les amandes et bien les enrober. Retirer du feu et incorporer le beurre. Remuer avec une cuillère. Verser la préparation sur un plan de travail préalablement huilé. Séparer soigneusement les amandes. Laisser refroidir. Conserver dans une boîte fermée hermétiquement.

Pour une saveur sucrée-salée, saupoudrer les amandes de fleur de sel une fois qu'elles sont séparées sur le plan de travail.

Beignets à la cassonade

20 min

1 t. d'eau
1 t. de farine
½ t. de cassonade

PRÉPARATION : Dans une casserole, porter l'eau à ébullition. Jeter la farine en une seule fois dans l'eau bouillante. Remuer avec une cuillère de bois. Ajouter la moitié de la cassonade et remuer. Préparer un bain d'huile bien chaude. À l'aide de deux cuillères à soupe, confectionner des petites quenelles avec la pâte. Déposer quelques quenelles à la fois dans l'huile. Laisser cuire jusqu'à coloration dorée des deux côtés. Retirer les quenelles, les égoutter sur un papier absorbant. Saupoudrer du restant de cassonade. À déguster bien chaud.

Quelques gouttes de jus de citron sur ces beignets font merveille.

Beurre d'arachide en sucre à la crème

25 min

2 t. de sucre
1 t. de lait
¾ t. de beurre d'arachide

PRÉPARATION : Dans une casserole, porter le sucre et le lait à ébullition. Une fois le lait coagulé, verser sur le beurre d'arachide préalablement placé dans un bol. Remuer le tout avec un batteur à main. Remettre dans la casserole et laisser mijoter environ 10 minutes. Verser dans un plat dont on pourra démouler facilement la préparation. Laisser refroidir à température ambiante. Couper en petits morceaux et conserver dans une boîte fermée hermétiquement.

Saupoudrer les morceaux de sucre à glacer afin qu'ils ne s'agglutinent pas.

Bonbons à l'érable

25 min

2 t. de sirop d'érable
⅓ t. de beurre
½ c. à thé de crème de tartre

PRÉPARATION : Dans une casserole, porter le sirop d'érable, le beurre et la crème de tartre à ébullition. Ne pas trop faire caraméliser. Cuire à feu vif 15 à 20 minutes tout en surveillant. Verser la préparation sur une plaque à rebords préalablement huilée. Laisser refroidir. Casser en morceaux. Conserver dans une boîte fermée hermétiquement.

Pour obtenir des bonbons ronds plutôt que plats, verser une cuillérée de préparation dans un récipient rempli d'eau fraîche. Une bille se formera. Répéter l'opération.

Caramel à croquer

30 min

1 t. de sucre
3 c. à soupe de beurre

PRÉPARATION : Dans une casserole, déposer le sucre et démarrer la cuisson sans eau pour obtenir un caramel. Une fois la préparation fondue et d'une belle couleur foncée, retirer du feu. Ajouter le beurre. Remuer énergiquement avec une cuillère de bois jusqu'à l'obtention d'une préparation homogène. Verser le mélange sur une plaque à rebords préalablement huilée. Laisser durcir. Casser en petits morceaux prêts à déguster.

Déposer le caramel dans de petites coquilles de pétoncles ou de moules évidées et propres. Les enfants se feront une joie de savourer le caramel dans ce récipient original.

Caramel à l'orange

2 c. à soupe de beurre   1 t. de sucre
Zeste de 1 orange, en julienne   ¾ t. d'eau

20 min

PRÉPARATION : Dans une casserole, faire revenir à feu doux
le beurre et le zeste d'orange. Ajouter le sucre et atteindre une
légère coloration. Verser l'eau dans la casserole avant que la
préparation ne devienne trop colorée. Laisser mijoter 3 à 5 minutes pour faire réduire le sirop.

*Un parfum inoubliable en accord avec une crème caramel
(voir la recette à la page 53). Verser une cuillérée de
caramel à l'orange sur la crème caramel au moment de
la servir.*

Caramel liquide

1 t. de sucre
1 t. d'eau
2 c. à soupe d'extrait de vanille

20 min

PRÉPARATION : Dans une casserole, cuire le sucre à feu doux afin
d'obtenir un caramel. Une fois la préparation fondue et d'une
belle couleur foncée, retirer du feu. Y verser l'eau en filets tout en
brassant avec une cuillère de bois. Incorporer l'extrait de vanille.
Remuer. Au besoin, remettre en cuisson pour obtenir la
consistance désirée. Conserver au frais.

*Attention aux éclaboussures de caramel en brassant
la préparation, elles peuvent brûler la peau sévèrement.
Servi avec les îles flottantes (voir la recette à la page
58), les flans aux œufs (voir la recette à la page 56)
ou tout autre dessert, le caramel liquide saura ravir les
plus fins palais.*

Caramel Suzette

1 t. de sucre   Zeste de 1 orange, en lanières
1 t. de jus d'orange   3 c. à soupe de Grand Marnier

20 min

PRÉPARATION : Dans une casserole, cuire le sucre à feu doux
pour obtenir un caramel. Une fois la préparation fondue et d'une
belle couleur foncée, y verser le jus d'orange en mélangeant avec
une cuillère de bois. Ajouter le zeste. Laisser mijoter à feu doux
3 à 5 minutes jusqu'à l'obtention d'une préparation homogène.
Ajouter le Grand Marnier. Remuer. Servir cette sauce bien chaude.

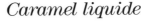

Avec les crêpes fines (voir la recette à la page 65), le caramel Suzette se transforme en véritable élixir. Ne pas hésiter à plonger les crêpes dans cette sauce.

Caramels mous

2 t. de sucre
1 t. de glucose

1 t. de beurre
2 t. de lait concentré évaporé

PRÉPARATION : Dans une casserole, cuire le sucre pour obtenir un caramel. Une fois la préparation fondue et bien colorée, verser le glucose et attendre que le caramel épaississe. Incorporer le beurre et remuer à l'aide d'une cuillère de bois. Ajouter le lait concentré et laisser mijoter à feu doux 25 à 30 minutes. Verser dans un plat dont on pourra démouler facilement la préparation. Laisser refroidir et couper en morceaux. Emballer chacun dans du papier à bonbon. Conserver dans une boîte fermée hermétiquement.

40 min

Il est très facile d'offrir une saveur chocolatée ou moka aux caramels mous en y ajoutant un extrait de café ou de chocolat.

Chutney de prunes

1 kg (2,2 lbs) de prunes,
    dénoyautées, en morceaux
1 ½ oignon, finement haché
Jus de 1 citron
Jus de 1 orange
Zeste de ½ orange, haché
Zeste de ½ citron, haché

1 t. d'eau
1 bâton de cannelle
2 clous de girofle
¾ t. de vinaigre de cidre
¾ t. de raisins secs
1 t. de cassonade

1 h

PRÉPARATION : Dans un bol, déposer les prunes et l'oignon. Ajouter les jus et les zestes d'agrumes. Dans une casserole, porter l'eau, la cannelle et le girofle à ébullition. Ajouter le mélange d'ingrédients préparés dans le bol et compléter avec le vinaigre de cidre, les raisins secs et la cassonade. Laisser mijoter à feu doux environ 1 heure en remuant de temps à autre jusqu'à l'obtention d'une préparation épaisse et confite. Conserver au frais.

Ce chutney peut être consommé avec des biscuits ou être servi avec un foie gras.

Confiture aux fruits rouges

1 t. de fraises
1 t. de framboises
1 t. de bleuets

4 t. de sucre
Jus de 1 citron

45 min

PRÉPARATION : Dans un bol, déposer les fruits. Verser le sucre et le jus de citron sur les fruits. Laisser macérer une demi-journée au frais. Après la période de macération, verser dans une casserole et porter à ébullition. Retirer dès l'apparition des premières bulles. Laisser refroidir à température ambiante. Remettre en cuisson une deuxième fois à feu doux. Une fois la préparation chaude, verser dans des pots à confiture. Fermer hermétiquement les pots et les retourner à l'envers pour faire refroidir la confiture.

Au petit-déjeuner et sur des crêpes fines (voir la recette à la page 65), c'est un vrai délice!

Confiture de poires

1,5 kg (3 lbs) de poires
5 t. de sucre
Jus de 2 citrons

Zeste de 2 citrons,
  finement hachés
2 gousses de vanille

1 h

PRÉPARATION : Peler les poires, les épépiner et couper la chair en petits morceaux. Dans un bol, déposer les fruits, le sucre ainsi que le jus et le zeste de citron. Ajouter la vanille (voir note page 99). Mélanger. Laisser macérer 1 heure à température ambiante. Dans une casserole, laisser mijoter la préparation à feu moyen 1 heure. Verser dans des pots à confiture. Fermer hermétiquement les pots et les retourner à l'envers pour faire refroidir la confiture.

Un plaisir à conserver plusieurs mois pour vos matins gourmands.

Crème glacée au caramel
au beurre

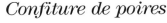

½ t. de sauce au caramel au beurre (recette page 113)
3 t. de crème anglaise (recette page 51)

50 min

PRÉPARATION : Dans un bol, déposer la sauce au caramel au beurre et ajouter la crème anglaise. Battre avec un fouet jusqu'à l'obtention d'une préparation homogène. Déposer dans une sorbetière électrique. Turbiner jusqu'à ce que la préparation épaississe. Conserver au congélateur.

Pour un peu de croquant, ne pas hésiter à concasser des brisures de caramel dur et à les incorporer à la recette.

Fondue au caramel

1 ½ t. de sucre
½ t. de jus d'orange

2 c. à soupe de beurre
¾ t. de crème 15 %

30 min

PRÉPARATION : Dans une grande casserole, cuire le sucre pour obtenir un caramel. Une fois la préparation fondue et bien colorée, retirer du feu. Verser le jus d'orange et remuer avec une cuillère de bois. Ajouter le beurre et la crème. Remuer jusqu'à l'obtention d'une sauce lisse et onctueuse. Avant de servir, chauffer à feu doux tout en brassant avec un fouet.

Attention aux éclaboussures de caramel en brassant la préparation, elles peuvent brûler la peau sévèrement. Confectionner des petites brochettes fantaisies avec vos fruits préférés. La banane s'accorde à merveille avec ce caramel.

Fudge au sirop d'érable

2 t. de sirop d'érable
2 t. de sucre
1 t. de cassonade

2 t. de crème 35 %
1 t. de beurre
1 t. de chocolat blanc

35 min

PRÉPARATION : Dans une casserole, porter le sirop d'érable, le sucre et la cassonade à ébullition. Verser la crème. Porter la préparation à 120 °C / 225 °F en utilisant un thermomètre à sucre. Poursuivre la cuisson à feu doux 20 minutes supplémentaires en remuant de temps à autre. Retirer la casserole du feu et ajouter le beurre. Remuer énergiquement avec une cuillère de bois. Incorporer le chocolat. Remuer. Verser sur une grande plaque à rebords préalablement huilée. Laisser reposer à température ambiante. Couper en morceaux.

Un péché gourmand pour les becs sucrés.

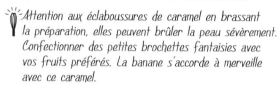

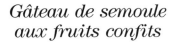

Gâteau de semoule aux fruits confits

3 œufs, jaunes et
    blancs séparés
¾ t. de sucre
4 t. de lait

¾ t. de semoule fine
½ t. de fruits confits,
    en morceaux

35 min

PRÉPARATION : À l'aide d'un batteur à main, monter les blancs d'œufs en neige bien fermes (voir la recette à la page 49). Dans un bol, déposer les jaunes d'œufs et la moitié du sucre. Battre énergiquement avec un fouet jusqu'à l'obtention d'une préparation homogène et blanchâtre. Mélanger cette préparation aux œufs en neige. Utiliser une spatule pour plier délicatement. Entretemps, faire chauffer le lait dans une casserole avec le restant du sucre et incorporer la semoule. Remuer avec une cuillère de bois. Laisser mijoter à feu doux 20 minutes environ. Ajouter la semoule cuite à la préparation d'œufs. Ajouter les fruits confits et remuer. Verser dans un moule à gâteau. Cuire au four 10 minutes à 150 °C / 300 °F. Laisser refroidir, démouler et servir frais.

Une petite pointe de crème Chantilly (voir la recette à la page 54) et une crème anglaise (voir la recette à la page 51) et le dessert est parfait.

Granité miel-érable

20 min

½ t. de miel
½ t. de sirop d'érable

2 t. d'eau
Jus de 1 citron

PRÉPARATION : Dans un bol, déposer tous les ingrédients. Battre énergiquement avec un fouet. Déposer la préparation dans une casserole et porter à ébullition. Verser dans un récipient. Déposer au congélateur. Gratter le granité de temps à autre avec une fourchette afin de l'aider à cristalliser.

Excellent servi avec une petite salade de fruits rouges et très rafraîchissant arrosé d'un vin mousseux.

Guimauve

1 t. de sucre
½ t. d'eau
1 ½ c. à soupe de glucose

5 feuilles de gélatine
3 blancs d'œufs
¼ t. de sucre à glacer

PRÉPARATION : Dans une casserole, déposer le sucre, l'eau et le glucose. Porter la préparation à 120 °C / 225 °F en utilisant un thermomètre à sucre. Monter les blancs en neige (voir la recette à la page 49) à petite vitesse à l'aide d'un batteur sur socle.

Ajouter dans le bol du batteur la préparation de sucre en petits filets. Fouetter à vitesse moyenne. Tremper les feuilles de gélatine dans un peu d'eau froide. Incorporer au mélange. Fouetter en tout 15 à 20 minutes jusqu'à ce que le mélange soit refroidi. Saupoudrer du sucre à glacer sur une plaque à rebords. Verser la préparation de guimauve sur la plaque. Saupoudrer également la surface de la préparation de sucre à glacer. Laisser reposer une journée à température ambiante. Couper en morceaux.

35 min

Le sucre à glacer empêche la guimauve de coller aux parois de la plaque. Variante : parfumer la guimauve d'un extrait de fruit au goût. On trouve facilement des extraits de toutes sortes dans les épiceries fines.

Marmelade d'oranges

1 kg (2,2 lbs) d'oranges
5 t. de sucre

40 min

PRÉPARATION : Laver les oranges entières non pelées à grande eau. Les peler et couper les quartiers d'oranges en morceaux. Dans une casserole, déposer le sucre et la chair d'oranges à cuire. Hacher finement l'écorce de l'agrume et l'ajouter en cuisson. Porter à ébullition. Remuer avec une cuillère de bois de temps à autre. Laisser mijoter à feu doux 30 minutes. Verser dans des pots à confiture. Fermer hermétiquement les pots et les retourner à l'envers pour faire refroidir la confiture.

Une marmelade d'agrumes vous amènera à coup sûr au paradis. Mélanger moitié oranges moitié citrons en suivant les mêmes instructions.

Marrons au sirop

3 t. de marrons
3 t. de sucre
4 t. d'eau

5 c. à soupe d'extrait
  de vanille
½ t. de miel

40 min

PRÉPARATION : Dans une casserole d'eau bouillante, plonger les marrons entiers. Les retirer au bout de 5 minutes. Enlever leur coque et replonger 5 minutes dans l'eau bouillante pour faire blanchir. Dans une autre casserole, porter le sucre, l'eau et la vanille à ébullition. Une fois le sirop bien chaud, y plonger les marrons. Laisser mijoter à feu doux environ 20 minutes. Retirer les marrons du sirop et laisser reposer à température ambiante. Faire chauffer le miel et en napper les marrons.

Les marrons peuvent également être glacés avec un nappage de sucre à glacer ou encore être parfumés au sirop d'érable.

Mendiants

¼ t. de noix de Grenoble
¼ t. de noisettes
1 noisette de beurre
1 t. de sucre

2 c. à soupe de beurre
¼ t. de raisins de Corinthe
¼ t. d'abricots secs,
  en petits dés

20 min

PRÉPARATION : Dans une poêle, faire torréfier les noix de Grenoble et les noisettes rapidement avec une noisette de beurre. Dans une casserole, cuire le sucre pour obtenir un caramel. Une fois la préparation fondue et d'une belle couleur foncée, retirer du feu. Ajouter le beurre. Mélanger énergiquement avec une cuillère de bois et y incorporer les fruits secs et les noix. Déposer le mélange par cuillérées sur un papier parchemin de manière à former de petites friandises. Laisser refroidir. Conserver dans un boîte fermée hermétiquement.

Attention aux éclaboussures de caramel en brassant la préparation, elles peuvent brûler la peau sévèrement. La même préparation peut être confectionnée avec du chocolat noir à 70 % de cacao au lieu du caramel.

Mousseline à l'érable

3 blancs d'œufs
½ t. de sirop d'érable

½ t. de crème Chantilly
  (recette page 54)

35 min

PRÉPARATION : À l'aide d'un batteur à main, monter à vitesse moyenne les blancs d'œufs en neige très fermes (voir la recette à la page 49). Dans une grande casserole, porter le sirop à 120 ºC / 225 ºF en utilisant un thermomètre à sucre. Verser le sirop d'érable chaud et mixer à vitesse maximale. Une fois la préparation ferme et à température ambiante, incorporer la crème Chantilly. Utiliser une spatule pour plier délicatement. Conserver au frais jusqu'au moment de déguster.

Un vrai nuage gourmand!

Muffins à la mélasse

3 ½ t. de farine
1 c. à soupe de poudre
  à pâte ou levure chimique
4 œufs

1 t. de mélasse
2 t. de lait
¾ t. de beurre

40 min

PRÉPARATION : Dans un bol, déposer la farine et la poudre à pâte. Casser les œufs dans un deuxième bol et y incorporer la mélasse. Battre énergiquement avec un fouet jusqu'à l'obtention d'une préparation homogène. Mélanger les deux préparations. Utiliser une spatule pour plier délicatement. Ajouter le beurre fondu. Remuer. Verser dans un moule à muffins. Cuire au four environ 30 minutes à 175 °C / 350 °F. Déguster tiède.

Couper en tranches et tremper dans des œufs battus avec du sirop d'érable. Poêler pour obtenir un succulent pain perdu.

Nougat blanc

½ t. d'amandes, grillées
½ t. de pistaches
1 noisette de beurre
1 t. de miel

1 ½ t. de sucre
Quelques gouttes d'eau
2 blancs d'œufs

35 min

PRÉPARATION : Dans une grande poêle, torréfier les amandes et les pistaches avec une noisette de beurre. Dans une casserole, cuire le miel, le sucre et quelques gouttes d'eau pour obtenir un caramel. Monter les blancs d'œufs en neige très fermes (voir la recette à page 49) à l'aide d'un batteur sur socle. Ajouter le sirop de caramel chaud en petits filets et battre à vitesse maximale. Terminer en incorporant les amandes et les pistaches. Remuer. Verser sur une plaque à rebords. Laisser durcir et couper en morceaux.

Les blancs d'œufs montent facilement avec l'addition du caramel chaud. Déposer des feuilles de papier enzyme sous et sur le nougat. Ainsi, il ne collera pas aux doigts.

Orangettes confites

6 oranges
4 t. de sucre
¾ t. d'eau

55 min

PRÉPARATION : Dans une casserole d'eau bouillante, plonger les oranges entières. Pocher 5 à 6 minutes. Retirer les oranges, les couper en deux et en enlever la chair. Couper l'écorce en fines lanières. Dans une casserole, porter le sucre et l'eau à ébullition. Y déposer les lanières d'écorce. Laisser mijoter à feu doux 30 minutes. Retirer délicatement les oranges confites du sirop. Déposer sur un papier parchemin, bien séparées les unes des autres. Laisser refroidir à température ambiante. Conserver dans une boîte fermée hermétiquement.

Pour un plaisir chocolaté, tremper les orangettes dans un chocolat noir fondu. C'est tendre et savoureux à souhait.

Pâte d'amande en fruits cristallisés

1 t. de pâte d'amande
1 c. à soupe de liqueur de poire
1 c. à soupe de liqueur de fraise

20 min

1 c. à soupe de liqueur de banane
1 c. à soupe de Cointreau
¼ t. de sucre

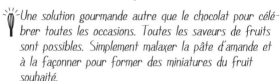

PRÉPARATION : Verser les liqueurs dans quatre petits bols différents. Diviser la pâte d'amande dans chacun des récipients. Malaxer chacune des pâtes et la liqueur avec les doigts pour bien faire pénétrer l'alcool. Ajouter des colorants alimentaires agencés à chacun des fruits. Façonner la pâte pour former des poires, des fraises, des bananes et des oranges miniatures avec les pâtes correspondantes. Enrober les fruits miniatures de sucre. Conserver dans une boîte fermée hermétiquement.

Une solution gourmande autre que le chocolat pour célébrer toutes les occasions. Toutes les saveurs de fruits sont possibles. Simplement malaxer la pâte d'amande et à la façonner pour former des miniatures du fruit souhaité.

Pâte de coings

55 min

1 kg (2,2 lbs) de coings	4 t. de sucre
Jus de 1 citron	6 feuilles de gélatine
Zeste de 1 citron,	¼ t. de sucre
haché finement	

PRÉPARATION : Remplir une casserole d'eau et la porter à ébullition. Laver les coings. Retirer leurs queues et leurs pépins. Déposer les fruits dans la casserole et cuire environ 45 minutes, jusqu'à cuisson complète. Récupérer la chair des fruits en utilisant une passoire. Mixer avec un batteur à main. Dans une casserole, déposer la purée, le jus de citron et le sucre. Laisser mijoter à feu doux 40 minutes. Incorporer le zeste dans la préparation. Tremper les feuilles de gélatine dans un peu d'eau froide et incorporer dans la purée en fin de cuisson. Verser la pâte de coings dans un plat dont on pourra facilement la démouler. Déposer au frais quelques heures. Découper des petits carrés de pâte de fruits et les enrober de sucre. Conserver dans une boîte fermée hermétiquement.

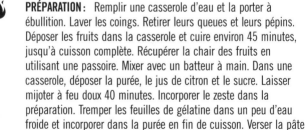

Tout simplement divin!

Pâte de fruits à la framboise

2 t. de framboises	Jus de 1 citron
2 ½ t. de sucre	1 c. à soupe de pectine
¼ t. de glucose	¼ t. de sucre

PRÉPARATION : Dans une casserole, déposer les framboises et le sucre. Cuire à feu doux. Une fois les framboises chaudes et le sucre fondu, ajouter le glucose, le jus de citron et la pectine. Mélanger. Laisser mijoter à feu doux 20 à 25 minutes. Verser la préparation sur une plaque à cuisson recouverte d'un papier parchemin. Laisser reposer 1 journée à température ambiante avant de la découper en petits morceaux. Enrober les morceaux de sucre. Conserver dans une boîte fermée hermétiquement.

La pectine se trouve en épicerie fine. Au besoin, remplacer la pectine par 6 feuilles de gélatine préalablement trempées dans un peu d'eau froide et ajoutée dans la casserole en fin de cuisson.

40 min

Petits pots de crème au caramel mou

1 ½ t. de crème 15 %	½ t. de sucre
4 œufs	6 à 8 caramels mous du commerce

40 min

PRÉPARATION : Dans une casserole, déposer les caramels et la crème. Faire fondre les caramels en remuant avec une cuillère de bois. Dans un bol, déposer les œufs et le sucre. Battre énergiquement jusqu'à l'obtention d'une préparation homogène et blanchâtre. Verser la préparation de caramels dans le mélange d'œufs. Remuer. Remplir des petits ramequins aux trois quarts. Cuire au four dans un bain-marie 25 à 30 minutes à 150 °C / 300 °F. Conserver au frais jusqu'au moment de déguster.

Une sauce au caramel au beurre (voir la recette à la page 113) placé au fond des petits pots de crème ou sur le dessus de la crème ajoutera une touche subtile de saveur de caramel.

Pommes d'amour

6 pommes Golden	1 ½ t. de sucre
6 bâtonnets de bois	2 c. à soupe de colorant rouge

20 min

PRÉPARATION : Laver les pommes et les équeuter. Embrocher chacune sur un bâtonnet de bois. Dans une casserole, démarrer le sucre pour obtenir un caramel. Une fois la préparation fondue et d'une belle couleur foncée, retirer du feu. Y ajouter le colorant rouge. Remuer. Enrober chacune des pommes de cette préparation. Déposer sur un plan de travail préalablement huilé. Laisser refroidir à température ambiante.

Les pommes seront recouvertes d'une fine couche caramélisée et croustillante. Un plaisir envoûtant pour la Saint-Valentin. Utiliser également des petites pommettes en sirop pour obtenir un format mignardises. Les grands et les petits en raffoleront.

Pop-corn au caramel

1 t. de beurre   ¼ t. de sirop de maïs
¾ t. de cassonade   1 c. à thé de soda à pâte

20 min

PRÉPARATION : Préparer du *pop-corn* nature. Réserver. Dans une très grande casserole, porter le beurre, la cassonade et le sirop de maïs à ébullition. Dès coloration, ajouter le soda à pâte et remuer. Incorporer le *pop corn* et bien le mélanger. Retirer et déguster chaud et croustillant.

Attention aux éclaboussures de caramel en brassant la préparation, elles peuvent brûler la peau sévèrement. Idéal pour les soirées gourmandes devant la télé.

Rochers coco

3 œufs
1 t. de sucre
30 min
2 t. de noix de coco, râpée

PRÉPARATION : Dans un bol, casser les œufs. Ajouter le sucre et la noix de coco. Mélanger avec une spatule jusqu'à l'obtention d'une préparation homogène. Continuer de mélanger avec les doigts au besoin. Confectionner des petites quenelles à l'aide de deux cuillères à soupe ou encore des petites boules. Les déposer sur une plaque de cuisson recouverte de papier parchemin. Cuire au four 15 à 20 minutes à 175 °C / 350 °F.

Confectionnées en un rien de temps, ces douceurs des îles vous feront voyager depuis votre cuisine. Oser le plaisir avec une dégustation d'un choco loco (voir la recette à la page 19).

Rouleaux croustillants miel et noisettes

½ t. de poudre de noisettes
⅓ t. de sucre
2 c. à soupe de beurre

1 rouleau de pâte philo
¼ t. de miel

PRÉPARATION : Dans un bol, déposer la poudre de noisettes et le sucre. Dans une casserole, faire fondre le beurre à feu doux et le verser dans le mélange sec. Remuer. Déposer les carrés de pâte philo sur un plan de travail. Mettre 1 c. à soupe de mélange sur chaque carré. Rouler et napper de miel. Déposer sur une plaque à cuisson. Cuire au four 10 à 15 minutes à 150 °C /300 °F. Déguster chauds dès la sortie du four.

⎯Ces rouleaux peuvent également être réalisés avec une poudre d'amandes.

35 min

Sauce au caramel au beurre

1 t. de sucre
2 c. à soupe de beurre
¾ t. de crème 35 %

PRÉPARATION : Dans une casserole, cuire le sucre à feu doux afin d'obtenir un caramel. Une fois la préparation fondue et d'une belle couleur foncée, retirer du feu. Ajouter le beurre. Remuer énergiquement avec une cuillère de bois. Incorporer la crème. Remuer. Conserver la préparation au frais.

⎯Napper les choux de cette sauce caramel au beurre pour de sublimes et gourmandes profiteroles.

25 min

Sucre à la crème

1 t. de sucre
1 t. de cassonade
3 c. à soupe de beurre

1 t. de crème à cuisson à 35%
2 c. à soupe d'extrait
   de vanille

PRÉPARATION : Dans une casserole, cuire le sucre et la casso-nade à feu doux. Ajouter le beurre et remuer le tout avec une cuillère de bois. Verser la crème à 35 % et porter à ébullition. Battre avec un fouet de temps à autre jusqu'à l'obtention d'une préparation homogène, colorée et onctueuse. Après 20 minutes de cuisson, parfumer avec la vanille. Verser dans un plat dont on pourra démouler facilement la préparation. Laisser refroidir à température ambiante. Couper en morceaux. Conserver dans une boîte fermée hermétiquement.

25 min

Le sucre à la crème peut se conserver quelques jours dans une boîte fermée hermétiquement. Délicieux avec des noisettes grillées incorporées dans le mélange à la fin de la cuisson.

Sucre à la crème au beurre d'amande

25 min

1 t. de sucre
1 t. de crème à cuisson 35 %

2 c. à soupe de beurre
1 t. de beurre d'amande

PRÉPARATION : Dans une casserole, cuire le sucre à feu doux pour obtenir un caramel. Une fois la préparation fondue et d'une belle couleur foncée, ajouter le beurre et remuer avec une cuillère de bois. Incorporer la crème et porter à ébullition. Ajouter le beurre d'amande et bien mélanger. Laisser mijoter à feu doux 20 minutes environ. Verser la préparation sur une plaque à rebords préalablement huilée. Conserver au frais plusieurs heures. Couper en morceaux. Conserver dans une boîte fermée hermétiquement pour obtenir une consistance dure.

 Attention aux éclaboussures de caramel en brassant la préparation, elles peuvent brûler la peau sévèrement. Pour plus de plaisir encore, concasser des amandes grillées et les ajouter à la préparation à la fin de la cuisson. Un vrai péché!

Tarte à la confiture

1 fond de tarte de pâte sablée (recette page 66)
¾ t. de confiture aux fruits rouges (recette page 104)

45 min

PRÉPARATION : Dans un plat à tarte, déposer un disque de pâte sablée. Faire cuire à blanc 8 à 10 minutes à 150 °C / 300 °F. Verser la confiture dans sur la pâte précuite. Remettre au four 5 à 6 minutes supplémentaires. Laisser reposer avant de déguster.

Un dessert exquis pouvant être confectionné en format mignardises. On peut réaliser ce dessert avec n'importe quelle confiture.

Tarte au sucre

1 ½ t. de lait évaporé
2 c. à soupe de farine
2 t. de cassonade
1 c. à soupe d'extrait de vanille

2 œufs
1 fond de tarte de pâte sucrée
(recette page 66)

PRÉPARATION : Dans un moule à tarte, déposer un disque de pâte sucrée. Cuire à blanc au four 5 à 10 minutes à 175 °C / 350 °F. Dans un bol, déposer les œufs et l'extrait de vanille. Battre. Ajouter la cassonade et le lait évaporé. Mélanger. Verser la farine en pluie dans le mélange à l'aide d'un tamis. Verser la préparation dans le fond de tarte précuit. Cuire au four 20 à 25 minutes supplémentaires. Laisser refroidir avant de le déguster.

40 min

Un dessert de plaisir en duo avec de la Chantilly (voir la recette à la page 54).

Tarte Tatin au caramel au beurre

¾ t. de sucre
2 c. à soupe de beurre
6 pommes

1 fond de tarte de pâte sablée
(recette page 66)

40 min

PRÉPARATION : Dans une casserole, cuire le sucre pour obtenir un caramel. Une fois la préparation fondue et d'une belle couleur foncée, retirer la casserole du feu. Ajouter le beurre à l'aide d'une spatule de bois. Verser dans une assiette à tarte. Laisser refroidir. Une fois le caramel durci, couper les pommes en lamelles. Les disposer en rosace sur le caramel. Déposer un rond de pâte sablée sur les fruits. Cuire au four 25 à 30 minutes à 175 °C / 350 °F. Retourner la tarte et la poser sur une grande assiette. Servir chaud.

La Tatin est fabuleuse avec un filet de crème liquide, de la crème Chantilly (voir la recette à la page 54) ou de la crème glacée. Servir le jour même ou le lendemain.

Tire éponge

2 t. de sucre
2 t. de sirop de maïs
¼ t. de bicarbonate de soude

25 min

PRÉPARATION : Dans une casserole, porter le sucre et le sirop de maïs à ébullition. Faire mijoter à grand feu afin de bien faire dissoudre le sucre. La préparation doit atteindre 150 °C / 300 °F au thermomètre à sucre. Retirer du feu. Verser le bicarbonate de soude en un seul coup dans la casserole. Brasser énergiquement avec une cuillère de bois. Verser la préparation dans un plat à gratin préalablement tapissé de papier parchemin. Laisser refroidir 1 à 2 heures. Casser en morceaux.

Une friandise qui rappelle des souvenirs d'enfance...

Index

alphabétique

des desserts

Lexique culinaire

Battre : remuer énergiquement un aliment ou une préparation à l'aide d'un fouet.

Blanchir les œufs : battre énergiquement les œufs avec un fouet jusqu'à l'obtention d'une préparation homogène et blanchâtre.

Blanchir : plonger un aliment dans l'eau bouillante pendant une courte période sans le cuire.

Cuire à blanc : faire cuire un ingrédient seul, par exemple un fond de pâte à tarte.

Cuire au bain-marie : faire fondre ou cuire doucement des aliments ou une préparation. Deux méthodes : soit un plat de verre ou de métal posé sur une casserole d'eau bouillante ou une plaque de cuisson à rebords dans laquelle on verse de l'eau et on place les contenants de la préparation à cuire.

Filtrer : verser la préparation au travers d'un tamis ou d'une passoire pour séparer les liquides et les solides.

Flamber : verser un alcool chaud sur l'aliment pour le flamber.

Glacer : napper la surface d'un gâteau ou d'une préparation d'un glaçage.

Lier : épaissir une préparation à l'aide de beurre, de crème ou de divers fécules.

Mijoter : faire cuire un aliment à feu doux.

Mixer : broyer un produit ou préparation avec un batteur à main, un mélangeur ou un robot culinaire.

Monter : augmenter le volume d'une préparation en la battant rigoureusement à l'aide d'un fouet.

Pétrir : malaxer une pâte avec les doigts.

Pocher : cuire un ingrédient dans un liquide à légère ébullition.

Pommade : produit qu a la consistance d'un beurre ramolli.

Reposer : laisser le temps à une préparation de se détendre avant la prochaine étape.